Andrea Reidt

Glücksorte
in
Marburg

Fahr hin & werd glücklich

Dieses
Glücksbuch
ist für

Liebe Glücksuchende,

auf den ersten Blick ist Marburg ein lauschiges oberhessisches Fachwerkstädtchen an der Lahn, das – frei nach Goethe – „das Anmutige, Beschränkte des bürgerlichen Zustands" ausstrahlt. Mit steilen Treppen, engen Gassen, dazwischen gemütlichen Lokalen, mit einem seit der Renaissance kaum veränderten massiven Schloss auf einem Bergsporn und der ältesten gotischen Kirche östlich des Rheins ist Marburg ein Glück verheißender Bilderbuchort. Als ob das nicht genügte, hat meine in mehrfacher Hinsicht *märchenhafte* Heimatstadt zusätzlich eine Weltläufigkeit und Modernität zu bieten, die ihresgleichen sucht. „Marburg *hat* keine Universität, Marburg *ist* eine Universität", nämlich die älteste protestantische der Welt. Berühmte Gelehrte gaben sich hier ein Stelldichein. Marburg – Stadt der Extreme. Die Studi-Dichte ist eine der höchsten in Deutschland, die Kneipendichte folgt direkt nach Schwabing. „WG-Hauptstadt" mit den meisten Wohngemeinschaften, höchster Pro-Kopf-Kinobesuch, Heimat für Menschen aus 141 Nationen. 12.000 der etwa 80.000 Bürgerinnen und Bürger leben in den 15 idyllischen Dörfern, welche die Kernstadt als ländliche Quartiere weitläufig umschließen. Dazu mehrere botanische Gärten und Parks. 2030 klimaneutral, das klappt. Marburg ist ein Wunder. Kommen Sie mit!

Ihre Andrea Reidt

Deine Glücksorte ...

... noch mehr Glück für dich

Arm, keusch, fromm, geliebt

Die heilige Elisabeth und ihr reiches Erbe

Die ungarische Königstochter Elisabeth starb 24-jährig als verwitwete Landgräfin von Thüringen, dreifache Mutter und Stifterin eines Hospitals mit der ersten Franziskuskapelle nördlich der Alpen nach der 1228 erfolgten Heiligsprechung des Franz von Assisi. Sie ist die bedeutendste historische Persönlichkeit der Stadt Marburg, deren politische und wirtschaftliche Entwicklung sie maßgeblich beeinflusste, obwohl sie hier nur drei Jahre lebte. Elisabeth ist die Urmutter eines vereinten Hessen, ihr Enkel Heinrich der erste Landgraf. Sie löste einen Pilgerstrom und einen Bauboom aus. Bis heute erscheint Elisabeths innere Schönheit und Strahlkraft vielen Menschen aktueller denn je. Welch eine Biografie! Elisabeth heiratet Ludwig IV. von Thüringen mit 14 Jahren, eine arrangierte und doch glückliche Ehe. Nach Ludwigs Tod legt sie ein Keuschheits- und Armutsgelübde ab, verzichtet auf ihre Kinder, folgt ihrem Seelenführer und päpstlichen Vermögensverwalter, dem berüchtigten Ketzerrichter Konrad von Marburg, an die Lahn, gründet das Hospital. Wegen ihrer extremen Frömmigkeit, ihrer maßlosen Freigebigkeit und ihrer Missachtung von Standesschranken hielten Ludwigs Erben ihre Schwägerin für unzurechnungsfähig. In Thüringen hatte sie während einer Hungersnot „die gesamte Jahresernte aus den landgräflichen Kornkammern" gespendet. In Marburg verteilte sie an einem einzigen Tag 500 Silbermark – ein Viertel ihrer Erbentschädigung. Sie fastet und arbeitet unermüdlich, wäscht Kranke, küsst Aussätzige, lässt sich verspotten, von Konrad wegen geringer Verfehlungen auspeitschen. 1231 stirbt sie an Erschöpfung. Elisabeths Tod löste eine Massenhysterie aus, Hunderte von Wallfahrern drängten sich auf Reliquienjagd an die in der Hospitalkapelle aufgebahrte Leiche, rissen Fetzen von den Hüllen, schnitten ihr Haare, Nägel, sogar Brustwarzen ab. Es ereigneten sich „Wunder", eilends nach Rom gemeldete Spontanheilungen. 1235 wird Elisabeth vom Papst heiliggesprochen.

TIPP

Das Sandsteinrelief (Foto) von 1524 für die Stammmutter Hessens hängt im Schloss (Kopie am Rathaus, Markt 1).

● Elisabethkirche, Elisabethstraße 3, 35037 Marburg
www.elisabethkirche.de
● ÖPNV: Diverse Busse, Haltestelle Elisabethkirche

Die Burg in der Burg

2

Sensationelle Funde unter dem Schloss

Es gibt kaum eine Jahres-, Tages- oder Nachtzeit, zu der das Gelände rund um die alten Mauern des Landgrafenschlosses verwaist wäre. Die exponierte Lage über der Stadt bietet Aussichten in alle Richtungen und inspiriert nicht nur Fotografen zu Perspektivwechseln. In lauschigen Sommernächten hocken junge Leute auf der Mauer der Südterrasse und auf der Aussichtsplattform des vorderen Schlosshofes. Manche von ihnen bewohnen vermutlich den Marstall, das Zeughaus oder die frühere Schmiede, Teile eines selbstverwalteten Wohnheims der seit 1529 bestehenden hessischen Stipendienanstalt *Collegium Philippinum*. Ansonsten bewohnt seit Jahrhunderten niemand mehr die Schlossbauten. Wohnburg, Residenz, Festung, Gefängnis, Preußisches Staatsarchiv und Museum. 1100 Jahre Schlossgeschichte auf einem Bergsporn verkörpern die verschiedenen Elemente der „Marburg", die mindestens zwei Jahrhunderte älter ist als der touristische Hotspot Heidelberger Schloss. Kunsthistorikerinnen und Archäologen halten das hessische Ensemble von Bauten aus unterschiedlichen Epochen für äußerst bedeutend im überregionalen Vergleich. Tatsächlich ist das Landgrafenschloss, das seit 1946 zur Universität gehört, die am häufigsten besichtigte Sehenswürdigkeit in der Lahnstadt.

TIPP

Die „Burg in der Burg" im Frauenbau des Schlosses durch eine Glaspyramide sehen.

Burghistoriker mussten in den 1980er Jahren ihre Annalen umschreiben, weil Baugrund-Archäologen feststellten, dass unter dem sechs bis acht Meter dicken Sockel des Westflügels, dem späteren Frauenbau, keineswegs die Spitze eines „Gisonenfelsens" hochragt, wie man lange dachte. Noch bevor der erste hessische Landgraf Heinrich I., Enkel der heiligen Elisabeth, ein fürstliches Residenzschloss bauen ließ, stand an der Stelle nämlich ein Wohnturm mit einer kaum überwindbaren, vieleckigen Ringmauer. Unter deren Resten wiederum entdeckte man den Grundriss eines verputzten Steingebäudes aus der Zeit um 900 und Teile mittelalterlicher Trictracspiele (französische Backgammon-Variante) aus Knochenscheiben, Blech und Kupfer. Eine Sensation für die Geschichtsschreiber!

● Landgrafenschloss, Gisonenweg, 35037 Marburg
www.marburg.de/schloss, www.uni-marburg.de/museum
● ÖPNV: Bus 10, Haltestelle Schloss

Vom Glück des Tastens

3 Bronzemodelle für Blinde in der Innenstadt

Sieben Bronzemodellen begegnen wir auf einer Marburg-Tour. Versuchen Sie mal, einen der Kunstgüsse mit geschlossenen Augen zu befühlen. Der Effekt ist sensationell, plötzlich entwickeln wir Fingerspitzengefühl, die Oberflächensensoren der Haut ertasten kleinste Unebenheiten und Erhebungen. Wir entdecken Details an den Türmen der Elisabethkirche und am Dachfirst des Rathauses, von denen wir nichts wussten. Sogar das 1938 niedergebrannte Synagogengebäude bildet ein Tastmodell im *Garten des Gedenkens* ab – alles großartige Detailarbeiten der Kunstgießerei Pfeifer in Stadtallendorf, die sechs der sieben Modelle realisierte.

Wer zum ersten Mal durch Marburg spaziert, wundert sich vermutlich über die zahlreichen, vor allem jüngeren Menschen, die mit einem weißen Langstock oder mit einem Begleithund unbekümmert durch die Gassen eilen, Zebrastreifen überqueren. Marburg ist zweifelsohne die Blindenhauptstadt Deutschlands, in der Sehbehinderte fast ein normales Leben führen können – und zwar schon so lange, dass die hohe Zahl an Blinden im Straßenbild, im Café, beim Bäcker und im Supermarkt gar kein Aufsehen erregt. Selbst die speziell ausgebildeten Blindenhunde dürfen mit in die Vorlesung, an den Arbeitsplatz, zur Chorprobe oder in die Sporthalle. Ein Drittel aller blinden Studentinnen und Studenten in Deutschland lernt in Marburg. Die meisten von ihnen kamen schon als Kinder hierher und besuchten die hochspezialisierte Carl-Strehl-Schule, das weltweit erste Gymnasium für Sehbehinderte, nach dem Ersten Weltkrieg für Kriegsinvaliden gegründet. Die Existenz der Blindenstudienanstalt, der „blista" mit ihren vielfältigen Bildungs- und Wohnangeboten von Frühförderung bis Berufsausbildung prägt maßgeblich das städtische Leben. Die Innenstadt ist mit akustischen Fußgängerampeln, Noppenpflaster, Rillenplatten, markierten Treppenstufen, sprechenden Aufzügen, taktilen Stadtplänen, Grundrissen von Bahnhof, Kaufhaus, Sportstadion sowie Speisekarten in Brailleschrift ausgestattet – was auch alle Sehenden beglückt.

TIPP

Sechs Stadtführungen für Blinde. Dunkelcafé FinsTaverne im Caveau (www.bistrocaveau.de).

● Tastmodelle, 35037 Marburg: Marktplatz am Marktbrunnen, Elisabethkirche, Schlossareal, Garten des Gedenkens, Lutherischer Kirchhof, Aufgang Michelchen, Ecke Rosenstraße/Furthstraße

Aufzug ins Glück

4 Per Lift in die Oberstadt sausen

Nahverkehr in der hügeligen Oberstadt mit Hunderten Stufen, Dutzenden Vorsprüngen, winzigen Passagen? „Zu Marburg muss man seine Beine rühren und treppauf, treppab steigen", schrieb schon Jakob Grimm, der 1803 allerdings vorteilhaft recht weit oben in der Wendelgasse wohnte. Auf dem Weg zu seinem Professor in der Ritterstraße musste er „nur" noch die steilen Stufen zum Lutherischen Kirchhof und die Zwingli-Treppe überwinden. Heutzutage wird uns die erste Steigungsetappe von der Unter- in die Oberstadt geschenkt – mit Aufzügen! Dieses Glück hatte der Dichter Rainer Maria Rilke noch nicht, der im Juli 1905 seiner Frau, der Bildhauerin Clara Westhoff, berichtete: „Nun bin ich in Marburg seit halbzwölf; bin die kleine, krumme Stadt auf und ab gegangen bis hinauf ins Schloss und bis zur Elisabethkirche hinunter."

TIPP

Die touristische Schlossbahn schnauft ab Elisabethkirche durch die Stadt (brunett-marburg.de).

In der Nähe des Rudolphsplatzes befinden sich die beiden städtischen Oberstadtaufzüge. Sie transportieren Fußgänger, Rolli- und Fahrradfahrer, Kinderwagen vom Pilgrimstein in direktem Aufschwung in die Elwert-Passage, von da gelangt man unter einem Fachwerkhaus hindurch auf die Reitgasse. Der mit zweifelhaften Graffitis versiffte, parallel angebotene „vertikale Aufgang" ist nicht zu empfehlen. Wer gemächlich per pedes den Markt erreichen möchte, nutze lieber die schöne alte Mühltreppe vom Rudolphsplatz zum Kornmarkt.

Etwas schicker ist der verglaste Außenfahrstuhl des Parkhauses am Pilgrimstein, der nicht nur parkende Nutzer kostenfrei und sogar mit Aussicht auf Deck 14 bringt, genau wie der fensterlose Innenlift. Von der Plattform eröffnet sich ein prachtvoller Blick über Stadt, Lahnberge und den Spiegelslustturm auf Augenhöhe gegenüber. Aber das war nur der halbe Streich. Durch den glasüberdachten Pilgrimsteg geht es zu zwei weiterführenden Aufzügen, die in einer Geschäftspassage an der Wasserscheide landen. Der gesündere Weg über das Treppenhaus zum Steg und weiter zur Wasserscheide umfasst 196 Stufen. Da folgt die Qual auf die Wahl.

● Oberstadtaufzüge: Pilgrimstein – Reitgasse,
Parkhausaufzüge: Pilgrimstein – Wettergasse, 35037 Marburg
● ÖPNV Bus 9, Haltestelle Parkhaus Oberstadt;
Bus 10, Haltestelle Oberstadt/Markt und Schloss

Gefühlt tausend Stufen

5 Treppauf, treppab durch die Oberstadt

Wir erleben es am eigenen Leib: Der kürzeste Weg zum Landgrafenschloss ist leider der steilste. Der Märchensammler Jakob Grimm äußerte es unverblümt: „Ich glaube, es sind mehr Treppen auf den Straßen als in den Häusern. In ein Haus geht man gar zum Dache hinein." Das Zitat ließ die Stadt auf die Stufen der *Ludwig-Bickell-Treppe* malen, eine der anstrengendsten Stiegen von der Ritterstraße zum Schloss, die sich an die kleinere, aber wegen hoher Stufen nicht weniger schweißtreibende *Zwingli-Treppe* am Lutherischen Kirchhof anschließt. Von der Lahn im Tal bis hinauf zum Schloss überwindet man etwa 109 Höhenmeter, und wer sich nicht auf einer Teilstrecke der Aufzüge und des Busses bedient, merkt es bald in den Waden. Der tatsächlich kürzeste Fußweg von der Unterstadt zum Schloss beginnt am Pilgrimstein schräg gegenüber vom Forschungszentrum Deutscher Sprachatlas. Die gewundene *Enge Gasse*, früher uncharmant *Dreckloch*, heißt im Volksmund *Asthma-Treppe*. Stößt man auf das Bistro-Café mit dem passenden Namen *Die Pause*, hat man die Wettergasse fast erreicht. Weiter geht es direkt auf die Stufen des *Schloßsteig*, vorbei am gläsernen Synagogenkubus, links ein paar Meter die Mainzer Gasse hinab bis zum Oberen Markt. Schnauf, uff, Boxenstopp. Zwischen *Weinlädele* (kredenzt Rebensaft aus allen 13 deutschen Anbaugebieten!) und Bierlokal *Pegasus* beginnt die *Schlosstreppe*, übergehend in die mit Grobkopfstein gepflasterte Landgraf-Philipp-Straße zum Schlossplateau. Netto alles in allem 500 Meter. Oben treffen wir die Nutzer der *Ludwig-Bickell-Treppe* wieder, man könnte also vom Markt aus einen Wettbewerb anzetteln, wer es am schnellsten schafft! Es gibt auch richtig nette Treppen, zum Beispiel die Mühltreppe Rudolphsplatz – Kornmarkt oder die vor allem im Sommer lauschige Wendelgasse, vorbei an privaten (Dach)Gärten und Hausfirsten. Einige teils stufige Verbindungsgassen – Augustinergasse, Langgasse, Speckkuchengasse, Heumarkt – führen vom Ring der Unterstadt auf die Barfüßerstraße.

TIPP

Zehn öffentliche Toiletten u. a. Parkhaus Oberstadt, Rathaus, Elisabethkirche, Schlosspark, Bahnhof.

● Treppen Oberstadt, 35037 Marburg
● Weinlädle (www.weinlaedle.de), Pegasus (www.pegasus-marburg.de) und Die Pause (www.die-pause-marburg.de)
● ÖPNV: Bus 10, Haltestellen Parkhaus/Oberstadt und Oberstadt/Markt

Verstecktes Idyll

6

Auf dem Parkgelände Alter Friedhof

Die Altstadt von Marburg ist übersichtlich und lauschig und doch quirlig und lärmend, gerade darin liegt ihr besonderer Charme. Vor allem ist Marburg eine junge Stadt. Von den rund 4.200 Menschen, die in der Altstadt leben, sind sechs von zehn zwischen 21 und 30 Jahre alt, ähnlich ist die Altersstruktur im Campusviertel. Die im Verhältnis zur 45.000 Personen umfassenden Kernstadtbevölkerung hohe Zahl von 23.000 Studierenden prägt das Leben auf engem Raum – immerzu ist irgendwo irgendwas los. Und doch gibt es mitten im Trubel verborgene Ecken und grüne Flecken, die im Alltagstrott kaum wahrgenommen werden. Ein solch idyllisches Juwel ist der von der Straße aus nicht einsehbare Alte Friedhof am Barfüßertor. Zwischen dem steilen Haspelgässchen und dem (ebenfalls versteckten) Parkdeck Bar-

TIPP

Der alte jüdische Friedhof liegt jenseits der Lahn unterhalb des Wohnbezirks Ortenberg (300 Gräber).

füßertor liegt ein wunderhübscher, schattenspendender Park, dessen Außenmauern und dessen schlichter, aber großer Kapellenbau den Straßenverkehr und die Geräusche des städtischen Umtriebs dämpfen. Zwischen befestigten Wegen und alten Bäumen erstrecken sich gepflegt verwilderte Wiesenabschnitte, auf denen sich in lockerer Anordnung etwa hundert gusseiserne Kreuze und steinerne Grabmale verteilen, viele davon aus dem 16./17. Jahrhundert und von hohem kunsthistorischem Wert.

Zwischen den Jahren 1575 und 1865 diente der Friedhof als Hauptbegräbnisstätte. Vor einigen Jahrzehnten entfernte man zahlreiche Grabsteine, eine kluge Entscheidung, die das geradezu paradiesische Parkambiente verstärkte. Der Denkmalschutz verlieh der grünen Lunge die Auszeichnung „geschichtlich, künstlerisch und städtebaulich wichtiges Denkmal der Bestattungskultur Marburgs". Ursprünglich war das Gelände ein Gartengrundstück, das Landgraf Philipp, genannt *der Großmütige*, nach Gründung der Universität seinem ersten lutherischen Prediger, Kirchenreformer und Universitätsprofessor Adam Krafft geschenkt hatte, der gegenüber im Arnsburger Hof lebte. Seine Witwe verkaufte es der Stadt.

● Park Alter Friedhof und Kapelle, Barfüßertor 6, 35037 Marburg
● ÖPNV: Bus 10, 16, Haltestelle Am Plan

Hemmungslos farbig

7 Alte und neue Fachwerkhäuser in der Oberstadt

Viele Menschen fühlen sich froh und glücklich, wenn sie durch bunte Fachwerkstädte bummeln, sie strahlen so heimelig, traulich und romantisch. Vor dem Haus Ritterstraße 3 mit spitzem Erkerturm, grünen Butzenscheiben, schmiedeeisernen Beschlägen, Kratzputz und Schieferdach stehen häufig Passanten. Das merkwürdige Gebäude wird von Fachleuten als bedeutendster historistischer Fachwerkbau in Hessen eingestuft. Errichtet wurde es 1877 von dem Architekten und zeitweiligen Stadtbaumeister Carl Schäfer im Auftrag eines prominenten Mannes, des Justizrats und Reichstagsabgeordneten Dr. Carl Grimm. Dieser wohnte gegenüber in der Wolfsburg, einem alten Burgmannensitz, der heute zwar immer noch trutzig aussieht, von dem aber nur noch das Renaissancekellerportal „echt" alt ist. Grimm hatte sich die Ruine ein paar Jahre zuvor herrichten lassen. Nun benötigte er ein Bürogebäude für seine Kanzlei mit Ställen und Wagenremise im Erdgeschoss.

TIPP

Älteste Fachwerkhäuser (14./15. Jhd.): Hirschberg 13, Schneidersberg 8, Schlosstreppe 1, Reitgasse 3.

Die historische Architektur des 19. Jahrhunderts wurde oft als unschöpferisch verurteilt, weil sie Stilelemente vergangener Epochen kopierte und mischte: Neugotik, Neorenaissance, Neobarock. Auch Schäfer trieb es wild mit seinem Stilmix, legte aber gleichzeitig größten Wert auf hochwertige traditionelle Handwerkskunst. Mit Erfolg, Schäfers Ideen schufen Baumode: Das *Haus Grimm* diente als gelungene Vorlage für weitere „historische" Fachwerkhäuser am Markt und in der Wettergasse. In Marburg lässt sich die Entwicklung des Fachwerks – 700 Jahre Holzbauweise seit dem Stadtbrand von 1319, der alle älteren Häuser zerstörte – besonders gut nachvollziehen. Die Marburger Fachwerkhäuser fallen durch vielfältige Farbigkeit auf – schwarze, rote, ockergelbe, blaugraue Balken. So bunt und fröhlich strahlt die Oberstadt erst wieder seit den 1970er Jahren. Lange Zeit, vor und auch nach den historistischen Architekturfantasien, war es Mode, das Fachwerk komplett zu verputzen. Wie langweilig!

● Haus Grimm von Carl Schäfer, Ritterstraße 3, 35037 Marburg
● ÖPNV: Bus 10, Haltestelle Oberstadt/Markt

Shopping und Fachwerkpracht

Bummel durch die bunte Wettergasse

Dank der hohen Zahl an Kneipen, Cafés, Imbissen und Restaurants sind die Bürgersteige der Unistadt selten hochgeklappt und die alten Gassen Tag und Nacht belebt, selbst früh am Sonntagmorgen. Eine der ältesten Straßen Marburgs, die schon innerhalb des ersten Stadtmauerrings von 1180/90 lag, ist die Wettergasse. Sie stellt zusammen mit Neustadt, Barfüßerstraße, Marktstraße und Reitgasse die wichtigste Shoppingzone der Oberstadt dar. Die Wettergasse trägt ihren Namen nicht etwa, weil sie eine überdachte Passage wäre, wie es sie in Leipzig oder Paris gibt. Die Bezeichnung entwickelte sich aus „Werder", dem alten Namen des Stadtteils Wehrda, in dessen Richtung die Wettergasse führt und an deren Ende einst das Werder Stadttor stand. Das Wort „Werder" bezeichnet ein trocken gelegtes sumpfiges Gebiet. Wenn die Lahn im Frühjahr bei Wehrda über die Ufer tritt, gleicht die Niederung einer glitzernden Seenlandschaft, in der Radwege und manchmal Straßen unpassierbar sind.

TIPP

Durchgehende Küche im Bistro Early (Wettergasse 14, www.early-marburg.de)

Wer durch die Wettergasse schlendert, sollte nicht nur die hübschen Auslagen der Schaufenster betrachten, sondern hin und wieder den Blick nach oben wenden. Welch bunte Pracht zeigt sich da an reich mit Ornamenten verzierten Fachwerkhäusern! Noch mehr schön sanierte Fachwerkhäuser auf einem Fleck finden wir nur am Marktplatz. Mittelalterlich „alt" ist die farbige Vielfalt allerdings nicht. Viele baufällige Häuser wurden im 19. Jahrhundert durch repräsentative Fachwerkkonstruktionen ersetzt, die der historistischen Mode entsprechend „auf alt" getrimmt waren. Die Wettergasse eignet sich besonders gut für eine lustige Rallye mit Kindern. Welches Fachwerkhaus hat als einziges einen Balkon bzw. eine Veranda (Nr. 18)? An welchem Haus fletscht ein grüner Drache die Zähne, und was trägt er auf dem Kopf (Nr. 11, eine Krone)? Wo lebte der erste Sozialdemokrat Wilhelm Liebknecht (Erinnerungstafel an Nr. 9)? Belohnung gibt es bei einem Abstecher in die *Kinderkiste*, hochwertiges Spielwarengeschäft in der City.

● Wettergasse, Tourist-Information Zweigstelle Oberstadt, Wettergasse 6, 35037 Marburg
● Kinderkiste, Wettergasse 8, www.kinderkiste-marburg.de
● ÖPNV: Bus 9, 10, Haltestelle Steinweg/Elisabethkirche und Parkhaus Oberstadt

Kirschblüten-Paradies

9 Im Südviertel lässt es sich gut leben

Jedes Jahr Ende April, Anfang Mai verwandelt sich die 600 Meter lange Stresemannstraße, eine geruhsame Villengegend zwischen Lahnwiesen und Wilhelmstraße, in eine Allee, auf der fremde Leute mit Fotoapparaten wandeln. Dies ist die Zeit der japanischen Kirschblüten. Wenn es nicht gerade länger regnet, betört die rosa-weiß-pinkfarbene Pracht zwei bis drei Wochen die Anwohner und Besucher mit geradezu anstößig prallen Dolden, die sich schwer von den Ästen der Nelkenzierkirschen der Sorte Kanzan herabbeugen. Irgendwann liegt die ganze Herrlichkeit am Boden, sodass man durch einen dickflauschigen Blütenteppich watet. In der Stresemannstraße lässt es sich so angenehm leben wie nur noch in den Nachbar-Chausseen mit „wilhelminischen" Namen wie Bismarck, Friedrich, Naumann.

TIPP

Dart, Billard, Kicker im Clou (musikkneipe-clou.de). Italienische Küche im Nero (neromarburg.de).

Mit seinen attraktiven Altbauwohnungen ist das Südviertel als Teil der Südstadt im Dreieck zwischen Schwanallee, Universitätsstraße und Lahn das beliebteste Wohnviertel der Kernstadt mit stuckverzierten Decken und schönen Parkettböden in Jugendstilvillen und Mietshäusern aus der Gründerzeit. Nachdem die Bundeswehr 1994 den Standort Marburg verlassen hatte, wurden die Gebäude der ehemaligen Jägerkaserne auf beiden Seiten der Frankfurter Straße in Wohn- und Büroraum umgewandelt, eine zusätzliche Steigerung der Lebensqualität in dieser Gegend. Sie ist ein Eldorado für Fahrradfahrer, denn im Unterschied zu fast allen anderen Quartieren mit teils heftigen Steigungen und Bodenwellen sind seine Straßen eben. Zu Fuß ist es ein Katzensprung in die Oberstadt, ins fachsortierte Kaufhaus, auf den größten Wochenmarkt und in die beiden wichtigsten Spielorte des Landestheaters, Großes Tasch und Kleines Tasch im Schwanhof, einst Gutshof, landgräfliches Vorwerk und später Tabakfabrik. In der 500 Jahre alten Vierflügelanlage siedelten sich Galerien, Tanz- und Musikschule, Geburtshaus, Orgelbauer, Physiotherapeuten, Yoga- und Karatestudio, Café-Bistro, Eventlocation Knubbel und diverse Freiberufler an.

● Kirschblüten im Südviertel, Stresemannstraße, 35037 Marburg
● Hessisches Landestheater Marburg, Schwanallee 68, www.hltm.de
● ÖPNV: Bus 3, Haltestelle Auf der Weide und Frankfurter Straße/Theater

Märtyrer und Wohnglück

10 ### Das Steinerne Haus und der Kilian

Gegenüber vom Kornmarkt verbirgt sich eine enge, namenlose Treppe, die nicht einmal auf Stadtplänen eingezeichnet ist. Sie führt direkt zum Schuhmarkt und zum ältesten Kirchengebäude und frühesten erhaltenen Bauwerk Marburgs von 1180. Die dem Märtyrer Sankt Kilian geweihte romanische Kapelle wurde im Zuge der Reformation profanisiert. Turm und Gewölbe nahm man ihr weg, schenkte ihr den charakteristischen Fachwerkaufbau. Das massive Steingebäude fand Verwendung als Stadtwaage, Schweinestall, Speicher, Backstube und als Zunftstube der Schuhmacher, wodurch der Schuhmarkt seinen Namen bekam. Weiterhin: Waisenhaus, Kinder- und Landwirtschaftsschule, Fachschule für weibliches Handarbeiten, Polizeistation, Gestapo-Zentrale, Geschäftsstelle des Deutschen Grünen Kreuzes. Inzwischen bietet der Kilian als kleines Wohnheim 22 jungen Leuten mitten im Oberstadtgewühl eine Bude. Dieses bedeutende Denkmal der Marburger Bau- und Sozialgeschichte, als Kirche kastriert, als Stall missbraucht und jetzt als Wohnstätte heiß geliebt, genießt endlich einen Ehrenplatz im öffentlichen Bewusstsein.

Steinhäuser für private Wohnzwecke konnte sich im Mittelalter fast niemand leisten. Das älteste Steingebäude der Stadt entstand um 1300 und blieb folgerichtig im großen Stadtbrand vom März 1319 fast unzerstört. Das *Steinerne Haus* am Markt 18 mit den auffallenden Treppengiebeln auf der Vorder- und auf der Rückseite war und ist ein Ort der Fröhlichkeit. Vor 500 Jahren wurden dort rauschende landgräfliche Feste gefeiert, ab 1868 residierte darin eine Essig- und Likörfabrik (getreu Wilhelm Busch: „Es ist ein Brauch von alters her, wer Sorgen hat, hat auch Likör"). Heute dient es erst recht als Glückshaus, denn das darin untergebrachte Standesamt und das Trauzimmer erfreuen sich bei Brautleuten größter Beliebtheit. Im Gewölbekeller befindet sich die legendäre Bier- und Musikkneipe *Hinkelstein,* in der seit 1973 Generationen von Studenten und Schülerinnen ihre Nächte verbringen.

TIPP

Der Hinkelstein öffnet täglich um 19 Uhr, schließt um 3 Uhr, freitags und samstags um 5 Uhr.

● Steinernes Haus (Standesamt und Hinkelstein), Markt 18, 35037 Marburg
www.marburg.de, www.hinkelstein-marburg.de
● Kilian, Schuhmarkt 4
● ÖPNV: Bus 10, Haltestelle Oberstadt/Markt

Herren mit Gugel

11

Kugelgasse und Kugelkirche

Den slalomhaften Verlauf der Kugelgasse am Schlosshang zwischen Kalbstor und Barfüßerstraße erkennt man nicht auf den ersten Blick, weil sie sich mehrmals links und rechts in Sackgassen verzweigt. Die Kugelgasse verdankt ihren Namen den Kugelherren, Mönchen mit einer „Gugel" als Kopfbedeckung, eine lustige Mütze mit langem Zipfel. Diese *Brüder vom Gemeinsamen Leben* wohnten seit 1491 im klösterlichen Kugelhaus unterhalb der spätgotischen Kugelkirche, dem letzterrichteten mittelalterlichen Sakralbau der Stadt, heute katholische Pfarrkirche Sankt Johannes Evangelist. Zu ihrem Pech mussten die Kugelherren im Zuge der Säkularisierung wie alle anderen Mönche schon 1527 ihr Gotteshaus und ihr Fraterhaus verlassen. Die Kugelkirche diente nun der Theologischen Fakultät als Hörsaal und Aula, dann als Reformierten- und Hugenottenkirche. Das altersgebeugte rote Fachwerkhaus (Foto) entstand um 1600, das üppig als Vorgärten bepflanzte Gässchen, das darauf zuläuft und eigentlich ein Teil der Kugelgasse ist, heißt *Auf der schlimmen Mauer*. Das Wort *slimb* bedeutet im Althochdeutschen *schräg*, und das trifft tatsächlich auf den Mauervorsprung mit den anmutig steilen, schiefergedeckten Häusern zu. In dem Wohngebäude Kugelgasse 1 oberhalb der Kirche lebte Ludwig Bickell (1838-1901), erster hessischer Landeskonservator und einer der ersten Fotografen. Von ihm sind einmalige Architekturaufnahmen von Alltagsdenkmälern überliefert, die in das „Verzeichnis national wertvollen Kulturguts" aufgenommen wurden. Ehrendoktor Bickell hatte eine Kutsche in eine Dunkelkammer für seine Fotoausrüstung umfunktioniert, zu dieser Zeit musste man noch schwere Glasplatten durch die Gegend schleppen. Der Mann war ein Original, über den zahlreiche Anekdoten kursierten, wie etwa diese: Für seinen Schneider hatte er sein bevorzugtes Hosenmuster in Blech ausgeschnitten. Eines Tages erblickte er auf einem Dach an der Mühltreppe sein Hosenmuster als Wetterfahne, ein übler Streich seiner Stammtischfreunde.

TIPP

Das Netzgewölbe der Kugelkirche ist mit original gotischen Pflanzenornamenten ausgemalt.

....

● Kugelkirche St. Johannes Evangelist, Kugelgasse 8–10, 35037 Marburg
www.st-johannes-marburg.de
● ÖPNV: Bus 10, Haltestelle Turnergarten (Fußweg durch die Sybelstraße)

Lichtbilder in Dunkelkammer

12 Die Camera Obscura vor dem Landgrafenschloss

Scherzbolde haben dem sechseckigen Holzhäuschen auf der Aussichtsterrasse vor dem Landgrafenschloss eine Liste angeklebt, um zu dokumentieren, was die geheimnisvolle Hütte *nicht* ist, zum Beispiel: ein Kassenhäuschen, eine Grillhütte, eine Sauna, ein Infostand, eine Wetterstation, eine Toilette … Kein Wunder, dass die Klause die Neugier und Fantasie anregt, schließlich gehört es zur Natur ihrer Bestimmung, nach außen verschlossen zu sein. Denn die Optik in der vom Fachbereich Physik der Universität errichteten *Camera Obscura* als einen begehbaren Raum funktioniert – genau wie eine Lochkamera – nur, wenn kein Streulicht aus der Umgebung die Abbildung stört. Immer hereinspaziert also – dies ist keine Zirkusnummer, erregt aber genauso viele Ahs und Ohs wie eine Jahrmarktschau. In dem dunklen Raum erkennt man auf einem runden Tisch ein genaues Abbild der Umgebung – mit Schlossfassade, vor der Menschen sich bewegen, Vögel fliegen, Zweige im Wind tanzen. Dieses Vergnügen, aus dem Verborgenen Gestirne, Sonnenfinsternisse und die eigene Umgebung nach innen zu projizieren, kannte schon Aristoteles, wahrscheinlich entdeckten sogar Höhlenmenschen die Lichtphänomene bereits.

Der runde Tisch in der Mitte dient als Projektionsfläche der Außen-„Aufnahme". Ein Spiegel lenkt die von oben einfallenden Lichtstrahlen nach unten um, das Bild steht „punktgespiegelt" auf dem Kopf. Den Spiegel kann man in verschiedene Richtungen drehen und kippen, um diverse Motive im Umkreis von 360 Grad zu zeigen. Eine Linse schärft das Bild, so ähnlich wie die Linse eines Diaprojektors. Den Tisch kann man in der Höhe verstellen, damit Objekte, die unterschiedlich weit entfernt sind, scharf zu sehen sind, genau wie bei frühen Fotokameras, wo ein ziehharmonikaähnliches Balgengerät die Entfernung zwischen Linse und Fotoplatte regulierte. Praktischen Nutzen brachten Dunkelkammern einst Künstlern, die exakte Zeichenvorlagen benötigten, und natürlich dienten sie astronomischen und militärischen Zwecken.

TIPP

Die Camera Obscura ist von März bis Oktober bei gutem Wetter an Wochenenden geöffnet.

● Camera Obscura, Aussichtsterrasse des Landgrafenschlosses, 35037 Marburg
www.uni-marburg.de/de/fb13/astronomie/camera-obscura
● ÖPNV: Bus 10, Haltestelle Schloss

Sieben auf einen Streich

13 Märchentour Grimm-Dich-Pfad

Wie vergessen steht ein roter Pumps zwischen Weinreben unterhalb des Landgrafenschlosses. Aschenputtel verlor ihn auf der Flucht vor dem Königssohn, mit dem sie so wunderbar auf dem Ball getanzt hatte. Der Schuh ist eine der Merkwürdigkeiten, die man bei einem Bummel durch die Universitätsstadt antrifft. Im Teich des Alten Botanischen Gartens schwimmt ein dicker Butt. An einem Wohnhaus des Marktes krabbeln sieben riesige Fliegen herum. Auf der Brunnenwand der Wasserscheide hockt ein dicker, grüner Frosch. An einer hohen Mauer im Steinweg hängen Geißlein- und Wolf-Büsten. An der Schlosstreppe wartet ein Korb mit Brot und Wein – vielleicht auf ein kleines Mädchen mit einem roten Käppchen? Zu einem touristischen Magnet entwickelte sich der Grimm-Dich-Pfad, eine Märchentour quer durch die Altstadt, die Familien begeistert, denn die Kinder absolvieren neben den Erwachsenen wie selbstverständlich treppauf, treppab einen großen Stadtrundgang, auf dem sie sich ohne diese Motivjagd möglicherweise gelangweilt hätten. Für diese Initiative, deren ausdrucksvolle Skulpturen der Künstler Pasquale Ippolito realisierte (außer „Sterntaler" von Doris Conrads), erhielt Marburg den Hessischen Tourismuspreis. Das Wortspiel Grimm-Trimm war eine geniale Marketingidee, denn wenn man atemlos oberhalb von Aschenputtels Schuh angekommen ist, hat man mehr oder weniger 282 Stufen und 109 Höhenmeter überwunden, allerdings erst 11 der 16 Stationen der Tour abgehakt, sofern man sich an die empfohlene Reihenfolge gehalten hat.

Letzte Station der Märchentour ist das Haus Barfüßerstraße 35, in dem Jakob Grimm 1802 als Student wohnte, bevor er mit seinem Bruder Wilhelm in das Haus Wendelgasse 4 um die Ecke zog. Sie gehörten zu den prominentesten Romantikern dieser Zeit in der Universitätsstadt. Ihre Kinder- und Hausmärchen, bis heute Bestseller der Weltliteratur, erschienen 1812. Gesammelt hatten sie sie vorwiegend in Nordhessen.

TIPP

Die Wendelgasse endet an einem Türmchen, dessen Wendeltreppe auf den Lutherischen Kirchhof mündet.

● Grimm-Dich-Pfad, Aschenputtel-Station, Landgraf-Philipp-Straße 6, 35037 Marburg, Start am Teich im Alten Botanischen Garten
www.marburg-tourismus.de
● ÖPNV: Bus 10, Haltestelle Steinweg/Elisabethkirche

Sophie, Georg und der Gockel

14 Auf dem Marktplatz vor dem Rathaus

Punkt 24 Uhr stimmt der Oberbürgermeister das Maieinsingen an, Tausende fallen in die alte Weise „Der Mai ist gekommen" ein. Die Maiparty am 30. April ist eines der beliebten Volksfeste, die Marburg vor allem im Sommerhalbjahr auf die Beine stellt. Häufig ist der Markt vor dem mächtigen dreigeschossigen Rathaus der zentrale Schauplatz der Festivitäten. Das Rathaus, 1512 im spätgotischen Rohbau begonnen, 1526 im Renaissancestil vollendet, erhielt 1581 auf dem sechseckigen Treppenturm einen Giebelaufsatz. Das Stadtmarketing zeigt sich flexibel: Nicht jeder Markt, nicht jede noch so populäre Feier wird unendlich oft wiederholt. Neue Ideen sind willkommen, wenn sich alte überholt haben, wie etwa der *Marktfrühschoppen* im Juli, der wegen Randale rechtsradikaler Burschenschaften aufgegeben werden musste.

TIPP

Bestens tafelt man im urigen Traditions-Gasthaus Zur Sonne (Markt 14, www.zur-sonne-marburg.de)

Auch ohne organisierten Frohsinn bleibt der Markt die gute Stube der Stadt. Wir sitzen im *Café am Markt* oder am Rand des Marktbrunnens, während über uns der heilige Georg mit einer Lanze auf den furchterregenden Bronze-Drachen einsticht, und warten wie viele andere, die kurz innehalten, auf die volle Stunde. Dann nämlich bewegt der auf der Giebelspitze des Rathauses sitzende Blechgockel zum Ruf der Trompeterfigur seine Flügel. Über der Uhr dreht sich eine Weltkugel. Der Rathausbau drückt das gewachsene Selbstbewusstsein der Bürger und der Zünfte gegenüber der kirchlichen und landgräflichen Architektur aus. Es gab etwa ein Dutzend Zünfte – Woll- und Leinweber, Lohgerber, Krämer, Schneider, Schuster, Büttenbinder, Kannengießer, Metzger, Bäcker, Spengler und Vorhöcker (Kleinhändler). Ursprünglich war das Rathaus verputzt und weiß gekalkt, die freigelegte Fassadengestaltung stammt aus den 1990er Jahren. Die Skulptur von Ivan Theimer zwischen Hirschbergtreppe und Aulgasse neben dem gutbürgerlichen Restaurant *Ratsschänke* stellt die „Stammmutter des Hauses Hessen" dar, die Elisabethtochter Sophie von Brabant mit Sohn Heinrich I. genannt *das Kind*.

● Marktplatz, 35037 Marburg, mit Café am Markt (www.cafe-am-markt-marburg.de) und Ratsschänke (www.ratsschaenke-marburg.de)
● ÖPNV: Bus 10, Haltestelle Oberstadt/Markt

Über Brücken musst du gehen

15 ## Neuer Hirsefeldsteg ersetzt alte Holzbrücke

Natürlich hängen auch Liebesschlösser am Metallgeländer des eleganten neuen Hirsefeldstegs, der den alten Holzsteg ersetzt und den täglich Hunderte Fußgänger und Radler vom Südviertel zum Trojedamm passieren. „Über sieben Brücken musst du gehen", singen Karat und Peter Maffay. In Marburg müssten sie ihre poetische Singbotschaft verdoppeln. Denn Marburg hat nicht nur Dutzende Treppen, sondern verfügt auf einer Distanz von elf Kilometern zwischen den Stadtteilen Wehrda im Norden und Gisselberg im Süden über sage und schreibe 14 Lahnbrücken inklusive der autofreien Stege. Nicht gezählt sind Schienen- und Straßenübergänge sowie der überglaste Pilgrimsteg zwischen den Oberstadt-Aufzügen des Parkhauses.

Jahrhundertelang hatten die Bürger der mittelalterlichen „Stadt am Schlossberg" am linken Ufer der Lahn nichts verloren, abgesehen von einigen Fischzüchtern und Müllern. Und daran änderte sich auch nach dem Bau der 1250 erstmals erwähnten ältesten Steinbrücke im 245 Kilometer langen Lahntal (vom Rothaargebirge zum Rhein) für die nächsten 500 Jahre nichts. Die Weidenhäuser Brücke führte in das Handels- und Handwerksdorf Weidenhausen, in dem Elisabeth-Wallfahrer Herbergen vorfanden und einkaufen konnten. Zweimal (1552 und 1763) war die Weidenhäuser Brücke in den Fluten des Hochwassers eingestürzt, beim ersten Mal riss sie 24 Menschen in den Tod, schreibt der Chronist. Um 1900 besaß Marburg mit Weidenhäuser, Elisabeth- und Schützenpfuhlbrücke drei steinerne, einigermaßen gesicherte Lahnübergänge. Bloß lagen diese kilometerweit auseinander. Daher kam man ohne einige Holzbrücken nicht aus, über die man Schafe auf Weiden trieb, Ackerland erreichen, mit Handkarren zu Kleingärten und später fußläufig in das neue Ortenberg-Viertel gelangen konnte. Natürlich erlitten diese Konstruktionen laufend Hochwasserschäden, wurden mal ersetzt, mal auch nicht, trugen lange Zeit nicht einmal offizielle Namen, sondern umschreibende Bezeichnungen wie *Schwarzer Steg* oder *Bauhofsteg*.

TIPP

Weitere Fußgänger-Stege: Rosenpark-, Ludwig-Schüler-, Wolfgang-Abendroth-, Luisa-Haeuser-Brücke.

....

● Hirsefeldsteg, zwischen Auf der Weide und Jahnstraße, 35037 Marburg
● ÖPNV: Bus MR 76 verbindet linkslahnisch den Hauptbahnhof
mit der Kurt-Schumacher-Brücke

Dichtend und liebend

Das Haus der Romantik am Markt

„… ich müsste … dichtend und liebend und spottend, und lebend und sterbend sein, um Dir dies Leben recht wieder zuzuströmen …" Diese emotional aufgeladenen Zeilen schrieb Clemens Brentano aus Marburg in einem Brief an seine Schwester Bettina. Der Stil eines der wichtigsten Vertreter der Romantik (mit Achim von Arnim Herausgeber der Liedersammlung *Des Knaben Wunderhorn*) mag uns heute überspannt erscheinen, ist aber typisch für die junge Strömung um 1800, wenige Jahre nach der Französischen Revolution. Marburg mit 6.000 Einwohnern und 164 Studenten war nicht Weimar, Jena, Heidelberg oder Berlin. Dennoch war das Städtchen ein namhafter Schauplatz, an dem sich junge Intellektuelle in einem „romantischen" Kreis zusammenfanden. Diese Avantgarde strebte eine Art dichterische Lebensform an, eine Verschmelzung von Geist, Natur, Vergangenheit, Gegenwart und Fantasie. Clemens Brentano, Jakob und Wilhelm Grimm, die Professoren Georg Friedrich Creuzer und Karl Justi studierten und lehrten dabei durchaus bodenständige Fächer wie Jura und Medizin, Theologie und Altphilologie. Zu den Studenten und Gelehrten, die sich in einem geselligen Zirkel um den Juraprofessor Friedrich Carl von Savigny scharten, gehörten auch Maler, ebenso gebildete Frauen. Neben Bettina Brentano zählten dazu als Kernteam das Stiftsfräulein Karoline von Günderode, korrespondierend von Frankfurt aus, Sophie Mereau als erste Berufsschriftstellerin deutscher Sprache, ebenso Caroline Böhmer (spätere Schlegel-Schelling), Friderika Baldinger, Amalie von Gehren, Elise Sommer und quasi als graue Eminenz die Schriftstellerin Sophie von LaRoche in Offenbach, Bettinas Großmutter. Das *Haus der Romantik,* ein leuchtend saniertes Gebäude mit einem prächtigen Barockportal erinnert mit Ausstellungen, Vorträgen, Kostümführungen und einem *Roten Salon* an die Marburger Romantik. Die Inschrift „Tandem MDCLXXV" über dem Barockportal bedeutet „Endlich 1675" – endlich nach zehnjähriger Bauzeit fertiggestellt!

TIPP

In der Brüder-Grimm-Stube schräg gegenüber finden Kunstausstellungen statt (Markt 23).

● Marburger Haus der Romantik, Markt 16, 35037 Marburg
www.romantikmuseum-marburg.de
● ÖPNV: Bus 10, Haltestelle Oberstadt/Markt

Champagner für alle

17 ## Waggonhalle und Lokschuppen am Ortenberg

Dass die Bahnhofsgeschichte von Marburg mal eine solch phänomenale Wendung für das Kulturleben der Stadt nehmen würde, konnte sich 1850 bei der Einweihung der ersten Durchgangsstation vor den Toren der Stadt bestimmt niemand vorstellen. Das rote Backsteingebäude des *Champagner-Bahnhofs,* wie ihn der Volksmund spöttisch nannte, weil in der Versammlung zur Standortbestimmung angeblich sehr viel von dem prickelnden Edelgetränk geflossen war, wurde aufwendig mit mehreren Wartesälen ausgestattet, um Reisenden auf halber Strecke zwischen Kassel und Frankfurt einen komfortablen Aufenthalt zu bieten. Der Nachfolgebau von 1909 aus Sandstein im historistischen Stil steht trotz Kriegsschäden immer noch und wurde jüngst so perfekt saniert, dass die Auszeichnung „Bahnhof des Jahres" nach Marburg ging. Mittlerweile ist die Universitätsstadt an das ICE-Netz angeschlossen, die sechs Gleise sind mit etwa 160 Zügen und 11.000 Reisenden täglich gut ausgelastet.

Das Bahnbetriebswerk allerdings mit Backsteingebäuden am Hang des Ortenbergviertels lag seit den 1980er Jahren brach und drohte zu verfallen. Rettung nahte von freien Kulturschaffenden: Die Wartungshalle für Eisenbahnwaggons wurde in ein Kulturzentrum umgerüstet und ist aus dem Eventprogramm Marburgs nicht mehr wegzudenken. Abgesehen von Gastspielen bestreitet die Mitmachbühne des Vereins „Theater Gegenstand" die Vorstellungen. Die Volksbank rüstete ihrerseits die alte Universitäts-Reithalle auf dem Gelände zu Kletter- und Boulderwänden um. Für den monumentalen, halbrunden Ringlokschuppen jedoch, ein bedeutendes Industriedenkmal, dessen Architektur und Verfallszustand Denkmalpflegern Tränen der Begeisterung und der Trauer in die Augen trieb, fand sich wesentlich später ein Investor. In den 2020er Jahren nun wurden Lokschuppen und Werkstattgebäude revitalisiert und in eine „coole Location" mit 2.000 Quadratmetern Eventfläche, Coworking-Space für Start-upss, Freiberufler und Freiberuflerinnen, Gastrozonen und 80-Zimmer-Hotel verwandelt.

TIPP

Bahnhofstraße 20: Feinkost bei Vita Essentials. Nummer 16: Holzofenbrot im Schwälmer Brotladen.

● Kulturzentrum Waggonhalle, Rudolf-Bultmann-Straße 2 a, 35039 Marburg
www.waggonhalle.de
● Lokschuppen, Nr. 4 h, www.lokschuppen-marburg.com
● ÖPNV: Bus 8, Haltestelle Ortenbergplatz; Bus 27, Haltestelle Ludwig-Schüler-Park

Umtriebig, alt, ehrwürdig

18 Die Reitgasse hat ihren Charme behalten

Irgendwann landet man immer in der Reitgasse, sei es von der Wettergasse, der Marktgasse, dem Kornmarkt, dem Schuhmarkt, dem Hirschberg oder aus der Elwert-Passage des Oberstadtaufzuges kommend. Dabei ist diese illustre Hangstraße in Verlängerung der Fußgängerzone mit 180 Metern gar nicht lang, dafür steil und unter strengen Auflagen als einzig mögliche Zufahrt zum Markt für den Autoverkehr freigegeben. Die Reitgasse flankiert den Schuhmarkt als Teil der ältesten Marktsiedlung und damit den Kilian als ältester Kirche Marburgs (1180). Das zweitälteste Gotteshaus der Stadt (1300), einst Teil des Dominikanerklosters und heutige Universitätskirche, begrenzt die Reitgasse nach unten. Ins Staunen gerät man angesichts des für ein Fachwerkhaus mächtig hohen Baus mit roten Fensterrahmen und Erkern an der Ecke Aulgasse, ein Produkt beispielloser Handwerkskunst. Wie hübsch und einladend sich die geduckte Philipps-Apotheke straßenseitig in diese Fassade einpasst!

TIPP

Die Brasserie mit Miniterrasse nach vorne glänzt mit europäischer Küche (Reitgasse 8).

Zwei der wichtigsten Traditionsadressen liegen in der Reitgasse: die Café-Konditorei Vetter und die alte Universitätsbuchhandlung Elwert, nun als Filiale der Lehmanns-Kette, einer von etwa zwölf Buchläden und Antiquariaten in der Bildungsstadt. Neben diesem Glücksort des Geistes profilierte sich das 1908 eröffnete *Café Vetter* als Schlemmerort der Verliebten, der Freunde, Familien und Kolleginnen, der Sonntagsmatineen mit Musik oder Literatur. Es ist eine generationenübergreifende Institution, in der vom Kleinkind bis zur Oma, vom Oberschüler bis zur Honoratiorin, vom Erstsemester bis zur Professorin, alle ihr süßes Glück von Baumkuchen bis Sahnetorte, von Weihnachtsplätzchen bis Praliné finden. Die altertümlichen, aber bequemen Armlehnstühle mit geflochtener Rückenlehne, die nummerierten Tischchen, die verglaste Veranda und die Sommerterrasse mit weitem Blick über Stadt und Lahntal, die freundliche Bedienung – all das macht den Charme dieses Kaffeehauses aus.

....

● Reitgasse, 35037 Marburg, mit Café Vetter, Reitgasse 4
www.cafe-vetter-marburg.de
● ÖPNV: Bus 10, Haltestelle Oberstadt/Markt; diverse Busse, Haltestelle Rudolphsplatz

Das Gotteshaus der Elisabeth

19 Meisterwerk der deutschen Frühgotik

In Hessen hinterließ der Nachruhm der heiligen Elisabeth zahllose architektonische und künstlerische Spuren, nicht nur in Kirchen. In der Marburger Elisabethkirche allerdings fühlen sich ihr viele Menschen besonders nahe, was vielleicht an der intuitiv zu spürenden Einheitlichkeit dieser rasant zwischen 1235 und 1330 ohne Stilmix gebauten dreischiffigen Hallenkirche liegt. Sie ist ein Meisterwerk frühgotischer Handwerkskunst „aus einem Guss" und erfüllt wegen ihrer wertvollen Ausstattung und Sakralkunst viele Besucherinnen und Besucher mit Glücksgefühlen. Dieses Empfinden entsteht nicht erst, aber auch, wenn die wahrhaft himmlischen Klänge der Klais-Orgel aufbrausen oder in die Stille tröpfeln. Das erhabene, lichte Raumgefühl in dem mehr als 20 Meter hohen Gewölbe mit mächtigen Strebepfeilern lässt die trotz reformatorischen Bildersturms immer noch zahlreichen Originalelemente aus der Bauzeit der Wallfahrtskirche erstrahlen. Sechs Chorfenster mit mittelalterlichen Glasgemälden. Der goldene Schrein. Der bemalte sandsteinerne Hochaltar. Das Mausoleum über dem Elisabethgrab. Das schlichte Chorgestühl. Das hölzerne Schnitzwerk über der mit Blattmasken versehenen Chorschranke. Das moderne Bronze-Kruzifix von Ernst Barlach auf dem Kreuzaltar wurde 1936 als „entartet" entfernt, entging aber dank eines beherzten Baurats der Einschmelzung. Derzeit wird die Kirche der evangelischen Elisabethgemeinde sukzessive innen restauriert, Wände und Gewölbe erhalten ihren rosafarbenen allerersten Grundton zurück, die gliedernden Elemente ihr Ocker und Weiß. Wenn dann das Sonnenlicht durch die Fenster strömt, wird dies die Halle aufleuchten lassen, und wir erahnen das Raumerlebnis der Menschen des 13. Jahrhunderts. Eine Kuriosität aus alter Zeit blieb: Die Elisabethglocke von 1380, schwerste der zehn Glocken, läutet am 30. April ab 12 Uhr eine Stunde. Das *Walpertsläuten* soll die Hexen davon abhalten, in der Walpurgisnacht auf dem Dammelsberg bei Marburg in den Mai zu tanzen.

TIPP

Es gibt spezielle Führungen in den teils 750 Jahre alten Dachstuhl und auch Orgelführungen.

● Elisabethkirche, Elisabethstraße 3, 35037 Marburg
www.elisabethkirche.de
● ÖPNV: Diverse Busse, Haltestelle Elisabethkirche

Oase der Erholung

Flanieren im Alten Botanischen Garten

Vögel zwitschern, Libellen kreisen elegant über dem Teich, auf dem ein großer Plastik-Butt ruht und an dessen Rand das Totholz einer teils abgestorbenen Silberweide noch als Biotop dient. Bienen saugen Nektar aus Blutweiderich und anderen Blumen. Alle Lebewesen sind mit ihrem Tagewerk beschäftigt, nur wir wandeln müßig unter den alten, teils gewaltigen Bäumen umher und atmen mit allen Sinnen die Schönheit der Natur ein. Uns überschattet einer der größten Tulpenbäume Deutschlands, ebenso eine Riesenplatane und eine bestimmt 30 Meter hohe Traubeneiche. Im Herzen der Stadt, malerisch eingebettet unterhalb des Pilgrimsteins, liegt auf knapp vier Hektar die schönste der zahlreichen grünen Lungen Marburgs. Der 1810 gegründete Park, ein ehemaliger Lustgarten des Deutschordens, kam auf skurrile Weise in den Besitz der Universität. Jerôme Bonaparte, von Napoleon 1807 eingesetzter König von Westphalen, zu dem Marburg im südwestlichsten Zipfel gehörte, tauschte das Grundstück gegen einen botanischen Garten auf der Ketzerbach ein, den es heute nicht mehr gibt. Der Botaniker und Mediziner Professor Georg W. F. Wenderoth gestaltete das teils sumpfige Terrain als englischen Landschaftsgarten in Verbindung mit einem Wissenschaftsgarten. Ab 1861 beginnt der Botaniker Professor J. W. Albert Wigand den Park im Sinne der preußischen Gartenkünstler Peter Joseph Lenné und Gustav Meyer zu verändern. Die strenge englische Ordnung wird durch Anlage naturalistisch gestalteter Inseln aus Bäumen, Sträuchern und Stauden gemildert. Wigand führte geografische Zonen und ein Alpinum ein, verzichtete auf rasterförmige Beete. Hundert Jahre und einige Zwischenphasen später verändert sich das Profil des Alten Botanischen Gartens nochmals: Die „systematische Botanik" eines Lehrgartens wird 1977 in den Neuen Botanischen Garten auf den Lahnbergen verlegt. Der alte Garten wandelt sich zum heutigen romantischen Bürgerpark, der sich im Verlauf des Gartenjahres in immer neuer Blütenpracht präsentiert.

TIPP

Acht Park-Vogelarten finden sich auf Roten Listen, wie Eisvogel, Teichhuhn, Stieglitz.

● Alter Botanischer Garten, 35037 Marburg, Eingänge Pilgrimstein und Johannes-Müller-Straße, www.alterbotgarten-marburg.de
● ÖPNV: Diverse Busse, Haltestelle Rudolphsplatz und Elisabethkirche

Prunkraum einer Residenz

21 Der Fürstensaal im Landgrafenschloss

Seit mehr als fünfzig Jahren erfreuen sich die Marburger Musiklieb-haber an den regelmäßigen *Schlosskonzerten,* die meistens im vier Meter hohen Fürstensaal des Schlosses stattfinden. Auch der Bachchor singt im unwidersprochen schönsten weltlichen Innenraum der deut-schen Gotik mit einem beeindruckenden Kreuzrippengewölbe, das von vier Pfeilern getragen wird. Es treten Künstler der Reihe *Mittel-hessischer Kultursommer* auf, es musizieren hochkarätige Künstlerinnen als Gäste der überregional einmaligen *Eckelshausener Musiktage,* erst-klassige Schauspieler lesen literarische Werke, und seit alters finden offizielle Empfänge statt – sogar der Dalai Lama gab dem historischen Raum die Ehre. Vor erwartungsvollem Publikum sitzen oder stehen die Akteurinnen und Akteure in der großen Nische an der Nordseite des Raumes, der das gesamte Obergeschoss des Saalbaus füllt, dort, wo einst der landgräfliche Thron stand. Zuvor schlendert man umher und bewundert das prachtvolle Holzportal von 1573, durch das man in den großen Saal des Frauenbaus ge-langt.

TIPP

Ebenso wertvoll ist die 1288 geweihte Schlosskapelle mit restau-rierter Wand-ausmalung.

Seit ungefähr 750 Jahren dient der Fürstensaal als beste gute Stube Marburgs. Dieses Meisterwerk der hessischen Architektur stammt aus der glücklichen Zeit, als der erste hessische Landgraf Heinrich I. – genannt *Heinrich das Kind,* weil er seinem Vater schon mit vier Jahren nachfolgte – die grobe Burg zu einem feinen Residenzschloss ausbauen ließ. Seine Mutter Sophie von Brabant, Toch-ter der heiligen Elisabeth, kämpfte wie eine Löwin für die Rechte ihres Jungen am thüringischen Erbe. Sie war eine taffe Frau, die dem Volk demonstrativ ihr Kleinkind entgegenstreckte, damit es ihm huldige, und auch nicht vor einem Erbfolgekrieg zurückschreckte. Nach seinem Sieg entwickelte Heinrich I. Kassel zu einer zweiten Residenz. Nur dreimal in der hessischen Geschichte stand Marburg als Hauptresidenz im Zentrum des Geschehens, letztmals 1567 als Rumpfhauptstadt von Hessen-Marburg unter Landgraf Ludwig IV., einer der vier Erben des Hessenlandes.

....

● Fürstensaal im Saalbau, Landgrafenschloss, Gisonenweg, 35037 Marburg
www.marburg.de/schloss
● ÖPNV: Bus 10, Haltestelle Schloss

Honigbonbons und Woscht

22 Märkte und Straßenevents rund ums Jahr

Samstags brodelt es in der ganzen Stadt. Die Marburger lieben ihre Wochenmärkte und flanieren (auch mittwochs) mit Leidenschaft zwischen den Ständen am Firmaneiplatz und in der Frankfurter Straße und decken sich aus dem Frische-Vollsortiment ein. Gemüse, Obst, Südfrüchte, Kräuter, Käse, Joghurt, Milch, Eier, Brot, Wurst, Geflügel, Rind, Kalb, Lamm und Schwein, Fisch, auch Honig und die so beliebten Honigbonbons – alles, was Gaumen und Magen begehren könnten, darüber hinaus Schnitt- und Topfblumen sowie Gartenstauden. Bis vor wenigen Jahren lockte auch der namentliche „Markt" vor dem Rathaus viel Volk an, bis irgendwann nur noch die Blumenhändlerin die Fahne hochhielt. Mittlerweile entwickelte sich glücklicherweise ein alternativer *Oberstadtmarkt* mit Spezialitäten von Selbsterzeugern – Almschinken, griechischer Käse, Trends aus der Fusion-Küche, selbst gemachte Marmeladen, Wein, mediterranes Trockenobst oder Schwälmer Wurst aus der „Woschtkammer".

Abgesehen davon finden Fans von Märkten und Straßenfesten ganzjährig ein Paradies vor. Der *Marburger Frühling* läutet im April mit Blumen und Kleinkunst die warme Jahreszeit ein. Der *Elisabethmarkt* mit regionalen Spezialitäten und Kunsthandwerk ist ein wunderbares Herbstfest. Marburgs Neue Mitte profitiert von der *Innenstadtkirmes* und vom *Nachtflohmarkt*. Ein *Kuriositätenjahrmarkt* lehrt das Publikum mit schaurig-schönen Variétés das Gruseln. Beim *Sozialmarkt* rund um die Elisabethkirche stellen diakonische und soziale Initiativen ihre Tätigkeit vor. Auf dem Platz vor dem Erwin-Piscator-Haus gibt es gelegentlich einen *Plattenflohmarkt*, nicht zu vergessen den *Tag der kulturellen Vielfalt*, drinnen dafür die *Kreativmesse* mit Zubehör für Hobby und Handwerk und den *Kunsthandwerkermarkt*. Weidenhausen punktet mit der größten *Fahrradbörse* in Hessen. Am Afföller Messeplatz gibt es häufig parallel zum monatlichen *Steinweg-Flohmarkt* einen Extra-Flohmarkt und einmal im Jahr die überregional beachtete *OberHessenSchau*.

TIPP

Der Weltladen Marburg (Markt 7) unterhält einen Stand mit Fair-Trade-Produkten beim Oberstadtmarkt.

● Wochenmärkte Firmaneiplatz und Frankfurter Straße, 35037 Marburg (Mi. + Sa.), Oberstadtmarkt am Markt (Sa.), www.deinoberstadtmarkt.de
● ÖPNV: Bus 10, Haltestelle Oberstadt/Markt; Bus 3, Haltestelle Elisabethkirche (für Firmaneiplatz) und Friedrichstraße (für Frankfurter Straße)

„Macht die Menschen froh"

23 Vom Armutsideal zum goldenen Schrein

Das Leben und Wirken der heiligen Elisabeth berührt bis heute die Gemüter vieler Menschen, unabhängig von konfessioneller Zugehörigkeit. „Seht, ich habe es immer gesagt, man muss die Menschen froh machen." Dieser vermeintlich harmlose Satz birgt eine im Zeitkontext radikale Botschaft, eine standesfreie Hinwendung zu den Menschen. Als Landgräfin Elisabeth 1228 in Marburg Franziskus zum Patron ihrer Hospitalkirche ernannte, entschied sie sich für dessen „Theologie des Abstiegs". In Verbindung mit dem strengen Armutsideal macht es Elisabeth zu einer Aussteigerin aus den feudalen Strukturen ihrer Herkunft. Nach ihrem Tod allerdings zerfällt ihr geistiges Erbe hinter dem Pomp machtpolitischer Interessen. Nicht Franziskaner, sondern der Deutschorden übernimmt nach Landgrafenwunsch das Hospital. Es entsteht eine sehr teure und monumentale Kirche. Elisabeths Gebeine birgt ein goldener Schrein.

TIPP

Die Hospitalruine (Pilgrimstein 1c) stammt von einem Neubau mit 1254 geweihter Kapelle.

Nachdem der Papst Elisabeth heiliggesprochen hatte, erschien Stauferkaiser Friedrich II. in Marburg. Barfuß und im Büßergewand schmückte er den abgetrennten Kopf der Toten mit einer goldenen Krone und legte das Kopfreliquiar (heute ohne Schädel in Stockholm) in eine Achatschale. Der Elisabethkirche schrieb man nicht nur spirituelle, sondern auch politische Funktionen zu, die sich in ihrer Struktur ausdrücken: Pilgerkirche für eine große Volksmenge im Langhaus; im nördlichen Chorarm das Elisabethgrab; im östlichen die Deutschordenskapelle; im südlichen die Landgrafengräber, von Rilke erschauernd beschrieben: „Männer in Eisen liegend … Gesichter wie Kerne in den aufgesprungenen Helmschalen". Der Schrein ist leer, seit Landgraf Philipp im Zuge der Reformation seine „Muhme" entfernen ließ, um das Pilger- und Ablasswesen zu beenden. Immerhin fiel der Sarg aus vergoldetem Kupfer, eine Meisterleistung rheinischer Goldschmiedekunst mit Szenen aus Elisabeths Leben und mit 700 (von einst 1.000) Perlen und Edelsteinen besetzt, nicht wie andere Kirchenschätze dem reformatorischen Bildersturm zum Opfer.

● Goldener Elisabethschrein in der Sakristei der Elisabethkirche, Elisabethstraße 3, 35037 Marburg, www.elisabethkirche.de
● ÖPNV: Diverse Busse, Haltestelle Elisabethkirche

Marburg ist eine Universität

24

Campus Firmanei für die City

Mitten in Marburg, umgeben von Passanten und Radfahrern, chillen Studis auf der Lahnterrasse vor der Mensa. Einen abgeschotteten Uni-Campus nach amerikanischem Vorbild gibt es hier nicht. Marburg *hat* nicht seit einem halben Jahrtausend eine Universität, „Marburg *ist* eine Universität." Diese Bemerkung des hessischen Romantikers Ernst Koch in der Dichtung „Prinz Rosa-Stramin" über das studentische Milieu der 1820er Jahre wird gern zitiert. Es beschreibt die Attraktivität eines Städtchens, in der sich Fachwerkidyll und Forschung auf engstem Raum verschränken. Allerdings wurde es in den 1960er Jahren enger im akademischen Paradies, inzwischen sind 23.000 junge Leute immatrikuliert, jeder vierte Einwohner. Mit Lerntürmen jenseits der Lahn, einem „Silberwürfel" für die Universitätsbibliothek, Instituts- und Klinikneubauten auf den Lahnbergen, einer Stadtautobahn und einem vierzehnstöckigen Wohnhochhaus begegnete man dem Massenansturm. Das Aus für Gemütlichkeit. Noch dazu empfahl ein städtebauliches Gutachten den Ratsherren, die Hälfte der Oberstadt abzureißen, was beinahe geklappt hätte, wenn nicht ein junger beherzter Oberbürgermeister 1970 mit einem Sanierungskonzept das Ruder herumgerissen hätte. Was für ein Desaster! Glücklicherweise sind die Jahre städtebaulicher Todsünden wohl passé. In einem gigantischen Kraftakt, mit vielen Millionen Euro von Land und Bund, schufen Stadt und Uni zu Füßen der historischen Oberstadt auf zwölf Hektar den für alle Einwohner und Gäste offenen Campus Firmanei mit geistes- und sozialwissenschaftlichen Instituten. Inmitten der trubeligen Unterstadt, umgeben von Läden und Cafés, Friseuren und Büros, entstand auf einer Strecke von 1,3 Kilometern (inklusive Lahnterrasse und Mensa) ein Wissenschafts-Parcours, an dem gut die Hälfte aller Uni-Fachbereiche, die Unibibliothek, der Alte Botanische Garten und zwei bedeutende Forschungszentren liegen. Nun schließt sich der Kreis: Marburg *ist* wieder eine Universität!

TIPP

Der Themenweg „Uni-Route" mit 18 Stationen führt zu den akademischen Highlights (Flyer).

● Campus Firmanei, zwischen Firmaneiplatz, 35037 Marburg, und Mensa im Studentenhaus (Erlenring 5)
www.uni-marburg.de, www.studentenwerk-marburg.de
● ÖPNV: Bus 10, 16, Haltestellen Elisabethkirche/Steinweg;
Bus 6, 9, Haltestelle Erlenring

Das (Konsum)Leben ist schön

25 Shoppingtour durch die Barfüßerstraße

Dort, wo das langgestreckte Gebäude des Sportinstituts der Universität steht, 1731 als Reithalle errichtet, befanden sich ab 1234 Kloster und Kirche des Franziskanerordens. An diese Vergangenheit, die mit der Vertreibung der „Barfüßer"-Mönche 1527 endete, erinnern noch zwei Straßennamen, Barfüßertor- und Barfüßerstraße. Letztere führt direkt zum Markt und ist neben Wettergasse und Neustadt die wichtigste Shoppingmeile und studentisch geprägte „Fressgasse" der Stadt. Außerdem stoßen mehrere Gässchen und Treppen mit weiteren Läden und Kneipen vom Schlosshang und von der Untergasse auf die Barfüßerstraße. Dementsprechend bunt ist das Treiben in dieser Zone, in der sich viele Geschäftsleute mit ausgesprochen illustren Läden niedergelassen haben. Auf 350 Metern findet man in bunten Fachwerkhäusern mehrere Buchhandlungen, Friseure, ein Dutzend Café-Restaurants und Foodgeschäfte, einen Radsportprofi, eine exklusive Dessous-Boutique, einige Geschenk- und Krimskrams-Läden, Wohnaccessoires sowie allerhand edle und spezialisierte Textil-, Schmuck- und Schuhboutiquen von folkloristisch bis formell. Viele bieten ihre Ware auf kleinstem Raum feil und locken Kundinnen und Kunden mit glückversprechenden Fantasienamen wie *La Dolce Vita* oder *Artesano* oder *Jolie Maison* und liebevoll gestalteten Schaufenstern an.

Zu den Institutionen, die aus dem Wirtschaftsleben der Barfüßerstraße nicht mehr wegzudenken sind, gehört das *Café Barfuß,* in dem seit 1978 Generationen von Studis einkehrten, gerade diejenigen mit schmalem Portemonnaie. Von Fans geliebt wird der Buchladen *Comics, Kitsch und Kunst,* der „alles" aus der Welt der Comics und Graphic Novels hat (oder beschafft). Dessen Chef warnt auf Facebook: „Geht nicht weg, wenn der Laden mal nicht pünktlich um 10 oder 12 geöffnet hat, es kann schon mal eine halbe Stunde später werden …" Unbestreitbar optisch am schönsten ist das winzige *Landfräulein*-Lädchen, das außer Blumen französische Leckereien und Kaffee zum Sofortverzehr anbietet.

TIPP

Exklusiv nach historischer Rezeptur: „Nachtwächter Kräuterlikör" (https://marburgernachtwaechter.de).

● Barfüßerstraße, 35037 Marburg, mit Café Barfuß (Nr. 33, www.barfussmarburg.de), Comics, Kitsch und Kunst (Nr. 51, www.ckk-mr.de) und Landfräulein (Nr. 15, www.landfraeulein-hassenhausen.de)
● ÖPNV: Bus 10, Haltestelle Oberstadt/Markt und Am Plan

Hoffnung aus Stein

26 Der Arnsburger Hof in der Barfüßerstraße

Ist das nicht ein merkwürdiges Haus aus Bruchsteinen, so geheimnisvoll und doch einladend? Wo würde man wohnen wollen, im heimelig wirkenden dritten Stock hinter den sechs Sprossenfenstern an der Schieferfassade? Was mag sich hinter dem roten Holztor im Erdgeschoss verbergen, ein Weinkeller vielleicht? Die repräsentativen Gebäude mit den ungeraden Hausnummern an der vorderen Barfüßerstraße, links vom Gehrensgäßchen, waren Burgmannensitze und Wohnstätten reicher Familien. Unter dem postmodernen Neubau der Nummer 7 befindet sich noch ein alter Gewölbekeller, in dem die *kostBar* ihre mediterrane Küche anbietet. Die Nummer 3 aus der Mitte des 14. Jahrhunderts ist eines der ältesten Wohnhäuser aus Stein in Marburg, es gehörte dem Zisterzienserkloster Arnsburg in der Wetterau, daher der Name, und anschließend dem ersten lutheranischen Hofprediger und Theologieprofessor Adam Krafft, dem es Landgraf Philipp, genannt *der Großmütige*, 1527 nach der Beschlagnahme der Klöster geschenkt hatte.

Dieses auffällige Haus entstand als architektonischer Glücksbote in einer Zeit, als die Bautätigkeit in der Stadt eigentlich stagnierte. Die Pest, eine der Geißeln des Mittelalters und der frühen Neuzeit, grassierte um 1348 heftig, wirtschaftlich ging es bergab, wohlhabende Familien verließen Marburg gen Frankfurt. Militärische Auseinandersetzungen mit dem Erzbistum Mainz, dem östlich von Marburg mehrere Dörfer und Territorien gehörten, schwächten die Wirtschaftskraft ebenfalls merklich. Darüber hinaus ließen die Landgrafen die Befestigungsanlagen umfangreich ausbauen, das kostete viel Geld und Arbeitskräfte. Später erlebten die Marburger weitere Pestepidemien und den Niedergang des Weinbaus, denn in Hessen machte sich die europaweite „Kleine Eiszeit" mit kälteklirrenden, langen Wintern und kühlen Sommern bemerkbar. Die gute Nachricht: Immerhin erstrahlte die junge Universitätsstadt nach 1527 für knapp hundert Jahre bis zum Dreißigjährigen Krieg in neuem Glanz, und es wurde wieder viel gebaut.

TIPP

Biologische Pralinen und Kuchen in der Manufacture d'Anouk (www.manufactureanouk.de).

● Arnsburger Hof, Barfüßerstraße 3, 35037 Marburg
● kostBar, Barfüßerstraße 7, www.kostbar-marburg.de
● ÖPNV: Bus 10, 16, Haltestelle Am Plan

Alma Mater statt Muße

Prominente Forscherinnen und Dichterinnen

1908 zogen die ersten 27 Studentinnen in die Philipps-Universität ein, endlich war das Frauenstudium in Preußen erlaubt, welch ein Glück! Manch Marburger Professor weigerte sich dennoch, Frauen in seiner Vorlesung zuzulassen. Der Universitätspräsident befürchtete, dass Frauen bald die Hörsäle „überfluten" und „schließlich auch das Wahlrecht verlangen" würden. Es sollte noch einmal ein Jahrhundert dauern, bis die erste Universitätspräsidentin ins Amt gewählt wurde. Aktuell sind 27 Prozent der Lehrenden an der Uni weiblich, 55 Prozent der Studierenden. Als erste Frau wurde die 1923 habilitierte Germanistin Luise Berthold auf einen Lehrstuhl berufen, 1952 die Pädagogin Elisabeth Blochmann. Über diese und weitere prominente Wissenschaftlerinnen informiert eine Dauerausstellung in der kreuzgangartigen Wandelhalle der Alten Universität. Dort erfährt man, dass die Philosophin Johanna Wyttenbach 1827 die Ehrendoktorwürde der Alma Mater für ihre Abhandlungen zur Ästhetik erhielt. Elisabeth Seibert, der die Aufnahme des Satzes „Männer und Frauen sind gleichberechtigt" im Grundgesetz zu verdanken ist, studierte in den 1920er Jahren in Marburg, etwa zur selben Zeit wie die Jüdin Hannah Arendt, eine der bedeutendsten Denkerinnen des 20. Jahrhunderts. Sie hatte mit dem Philosophen Martin Heidegger eine kurze, intensive Liebesaffäre und soll ihn zu seinem Hauptwerk „Sein und Zeit" inspiriert haben.

Nicht nur Forscherinnen, auch Schriftstellerinnen entfalteten in Marburg ihre Kreativität, beispielsweise die Romantikerin Caroline Schlegel-Schelling, die Büchner-Preisträgerin Marie Luise Kaschnitz und die Naturlyrikerin Ina Seidel. Letztere verbrachte einen Teil ihrer Kindheit am Renthof (Foto) und schwärmte zeitlebens von Marburg, welches sie häufig besuchte. Die Bestsellerautorin Christine Brückner („Nirgendwo ist Poenichen") studierte an der Philipps-Universität und leitete eine Zeitlang die Mensa. Und die Theologin und Ex-Bischöfin Margot Käßmann ging in Marburg zur Schule.

TIPP

Der Themenweg „Marburgerinnen" führt zu Landgräfinnen, Dichterinnen, Denkerinnen.

● Spuren starker Frauen, Wandelhalle (Kreuzgang) in der Alten Universität, Lahntor 3, 35037 Marburg
● Wohnhaus Ina Seidel, Renthof 37, Wohnhaus Christine Brückner, Liebigstraße 13
● ÖPNV: Bus 16, Haltestelle Alte Universität

Wanderers Lust

28

Am Rabenstein und auf dem Lahnwanderweg

Den schönsten Blick über die Stadt, ein harmonisches Bild über das Lahntal zu Schloss und Altstadt (Foto), genießt man vom Rabenstein aus, was schaurig-süß anmutet, denn dieses friedvolle Plätzchen, ein erhöhtes Rondell in einem lichten Waldgebiet, war einst die Schwertrichtstätte. Noch 1864 wurde als letzter Verbrecher der Mörder einer schwangeren jungen Frau dort oben hingerichtet. Es bleibt fraglich, ob der Verurteilte sich an der wunderbaren Aussicht auf seine Heimatstadt ergötzen konnte. Am Rabenstein gibt es einen großen Kinderspielplatz, und es kreuzen sich mehrere Kurzwanderwege. Einen reizvollen Spaziergang erlebt man bereits, wenn man zunächst die hübsche Grünanlage am Bismarckturm hinter der Pauluskirche im Dichterviertel aufsucht und an der dem hessischen Volksdichter Dietrich Weintraut gewidmeten *Weintrautseiche* im Waldstück oberhalb der Straße Am Rabenstein entlanggeht. Man kann sich auch über die Gerichtsstraße oder die Scheppe Gewissegasse dem Ziel nähern. An der Bismarckanlage befindet sich eine Schautafel, auf der acht idyllische Wanderwege der Lahnberge unterhalb der Kliniken und naturwissenschaftlichen Forschungsinstitute eingezeichnet sind. Selbst eingefleischte Marburger sind erstaunt, über wie viele historische Namen dieses Wandergebiet mit moderaten Strecken zwischen drei und acht Kilometern verfügt – Klamberg, Wolfsloch, Katharinenberg, Brudershäuschen, Violas Ruh, Rabennest, Schanzenberg, Gebrannter Berg.

Drei Pilgerwege führen an das Grab der Heiligen Elisabeth, die Elisabethpfade von Frankfurt, Eisenach und Köln nach Marburg. Der Lahnwanderweg als wichtigster Fernwanderweg mit Station in Marburg verbindet den Rothaarsteig mit dem Rheinsteig. 2021 errang er Platz 2 des Wettbewerbs „Schönste Wanderwege Deutschlands" in der Kategorie Mehrtagestouren. Die 295-Kilometer-Strecke führt von der Lahnquelle bis zur Mündung in den Rhein. Auch der neue, acht Kilometer lange Stadtwanderweg *Marburger Ausblicke* verläuft teilweise auf dem Lahnwanderweg.

TIPP

American-Diner-Ambiente in der früheren Tankstelle Chevy, (Cappeler Straße 3 www.chevy-marburg.de).

· ·

● Rabenstein, Fußweg vom Bismarckturm aus, Gottfried-Keller-Straße 6, 35039 Marburg, www.www.lahnwanderweg.de, www.elisabethpfad.de
● ÖPNV: Bus 7, 12, 27, Haltestelle Brüder-Grimm-Straße

Schaurig-schöne Spurensuche

29

Auf der „Hexenroute" durch die Stadt

Sieht er nicht heimelig aus? So dick und rund und freundlich mit einer Dachwohnung, in die man am liebsten gleich einziehen möchte. Der Name des Turms mit den vier Meter dicken Mauern lässt allerdings Ungemach erahnen: *Hexenturm*, so heißt der 1478 als Geschützturm gebaute und bald schon als Gefängnis genutzte *Weiße Turm* auf der Nordseite des Schlossareals im Volksmund. Nicht alle der zirka 40 „Hexentürme" in Deutschland dienten als unwirtliche Kerker, in denen der Schwarzen Magie und Zauberei verdächtige Frauen ihr düsteres Schicksal in Folterkellern und auf Scheiterhaufen erwarten mussten. Das Marburger Verlies aber gehört tatsächlich zu den unrühmlichen Schauplätzen eines kirchlich sanktionierten Massenmords an Frauen in ganz Europa. Vor allem Hebammen und „weise" Frauen wurden

TIPP

Alternativ führt vom Hexenturm ein beschaulicher Spaziergang über Hainweg und Renthof hinab.

zwischen 1513 und 1710 als vermeintliche Hexen denunziert, aus Neid, Rache, medizinischer Unwissenheit und religiösem Aberglauben. Allein für Marburg liegen noch etwa 100 Prozessakten gegen Frauen wegen Teufelsbunds und Schadenzaubers in Archiven, für ganz Hessen sind es fast 1.400, wobei Historiker die Dunkelziffer enorm hoch einschätzen.

An die Geschichte der Hexenverfolgung erinnert der Themenweg „Hexenroute" am Beispiel der 1656 hingerichteten Schneiderswitwe Catharina Staudinger. Der informative Audioguide führt uns in die malerischsten Winkel der Altstadt – ein wahrhaft lauschiger Glücksweg, trotz des makabren Hintergrunds. Die einfühlsame und spannende Audioversion für Kinder (ab etwa 6 Jahren) trägt dazu bei, den schlechten Ruf von Märchenhexen zu mildern. Der Rundgang beginnt am Haus Wettergasse 18 an der Ecke zum Schlosssteig, der einstigen Judengasse. Das prachtvoll restaurierte, leuchtend rote Fachwerkhaus mit Erkern und Türmchen entstand zwar erst 1896, aber in dessen Vorgängerbau lebte Catharina unter ärmlichen Verhältnissen. Die Hexenroute geht bergauf, bergab über Kopfsteinpflaster und Treppen und endet nach etwa einer Stunde in Weidenhausen zu Füßen der Oberstadt.

....

● Hexenturm, Gisonenweg und Hainweg, 35037 Marburg
Flyer und Audioguide „Marburger Hexenroute", Audioguide
„Marburger Hexenroute für Kinder", www.marburg.de
● ÖPNV: Bus 10, Haltestelle Schloss

Von Pferden und Murmeln

30

„Darf ich aufs Pferd?" Kinder klettern mit Vergnügen auf die beiden Rösser an der stilisierten Pferdetränke am unteren Steinweg. Die beiden Bronze-Sandstein-Pferde neben dem trinkwassertauglichen Mönchsbrunnen sollen an den Immunologen Emil von Behring erinnern, den „Retter der Kinder", der aus einem Pferd als Versuchstier das Diphterieserum gewann. Die Skulpturen waren aus einem bundesweiten Wettbewerb unter Landschaftsarchitektinnen und Künstlern hervorgegangen, der in Zusammenarbeit mit dem Kinder- und Jugendparlament erfolgt war, das verbesserte Spiel- und Aufenthaltsorte für die Innenstadt angeregt hatte. Der Magistrat setzte drei weitere Projektideen der Kinder um: eine Ritterfigur mit Wasserspender, eine Murmelbahn und Büchertische aus Bronze. Der 2,20 Meter hohe Ritterbrunnen wiegt mehr als fünf Tonnen. Auf seiner Rückseite ist ein Relief mit dem Marburger Schlossberg eingearbeitet. Beim Wassertrinken an dieser Zapfstelle kann man durch ein Guckloch auf die Uhr des Landgrafenschlosses schauen. Direkt unter dem Ritterbrunnen befindet sich die historische Wasserquelle *Alter Kump*. Die öffentliche Murmelbahn Am Plan gegenüber vom Bauamt fasziniert nicht nur Kinder, sondern auch so manchen Erwachsenen. Sie funktioniert mit Hilfe eines kippbaren Bronzeboots, von dem aus die Murmeln gestartet und in die Sandsteinbahn geleitet werden. Hin und wieder streikt die Technik, weil Verschleiß oder mutwillige Zerstörung ihr zusetzen, dann kümmert sich das Grünflächenamt um Reparatur. Die auf Pulten installierten Bronzebücher vor eleganten Holz-Bronze-Stühlen mit hohen Rückenlehnen wurden am Kornmarkt zwischen Café Vetter und Universitätskirche platziert.

Das 1997 ins Leben gerufene Kinder- und Jugendparlament Marburg ist ein Vorzeigemodell in Deutschland. Die jungen Stadtverordneten verfügen über Etat und Geschäftsstelle, Rede- und Antragsrecht im Erwachsenenparlament und können jederzeit auf Augenhöhe mit den Bürgermeistern und dem Magistrat sprechen.

TIPP

Das Treiben an der Pferdetränke lässt sich aus dem Café Wertvoll gut beobachten (Steinweg 37, www.cafewertvoll.com).

● Kunst-Spielorte, 35037 Marburg: Bronzepferde (unterer Steinweg), Ritterbrunnen (Ritterstraße 13), Murmelplan (Am Plan 2), Bronzebücher (Kornmarkt)
● ÖPNV: Bus 9, 10, Haltestelle Steinweg/Elisabethkirche, Am Plan und Schloss

Radeln an Lahn und Ohm

31 Touren vom Basislager Marburg aus

Der durch drei Bundesländer führende, 245 Kilometer lange Lahnradweg gehört zu den schönsten und beliebtesten Radfernwegen in Deutschland und wurde vom Allgemeinen Deutschen Fahrrad-Club ADFC als Qualitätsstrecke bewertet. Marburg ist eine der oft hymnisch beschriebenen Etappenstationen der abwechslungsreichen, hervorragend ausgeschilderten und überwiegend asphaltierten Radtour von der Lahnquelle im Rothaargebirge bis zur Mündung in den Rhein bei Lahnstein. Die Beschilderung leitet die Radler mitten durch das City-Lahntal von Marburg, eng am Fluss entlang. Die Universitätsstadt mit ihrer ausgedehnten Gastroszene und quirligen Oberstadt eignet sich bestens als Basislager für Tagesausflüge mit dem Fahrrad.

Ein großes Plus des Lahnradweges ist seine gute Anbindung an die Bahn. Wir steigen beispielsweise am Hauptbahnhof in einen Regionalzug nach Bad Laasphe im Wittgensteiner Land (bereits Nordrhein-Westfalen) und radeln gemütlich immer an der Lahn entlang, meistens bergab oder auf ebener Strecke, 51 Kilometer durch das Obere Lahntal zurück nach Marburg. Der Lahn-Oberlauf plätschert in dieser Gegend sanft über Stock und Stein, zu flach zum Bootfahren, dafür bei flirrender Hitze einladend für kühle Fußbäder. Am nächsten Tag starten wir ebenfalls auf dem Lahnradweg flussabwärts gen Süden Richtung Gießen. Unterwegs auf der gut 30 Kilometer flachen Tour bieten sich kleine Abstecher an, zu den Badeseen in Niederweimar oder Wißmar, zur sehenswerten Burgruine Gleiberg, ins lauschige Lumdatal, zum Tudor-Schloss Friedelhausen oder zur Schmelzmühle ins Salzbödetal. Zurück geht es mit der Bahn ab Gießen oder Lollar. Wer es anspruchsvoller mag, begibt sich am dritten Tag nach Osten zur Amöneburg, in den Ebsdorfergrund oder gar auf den Ohmtalradweg in Richtung Vogelsberg. Auch eine Kanutour auf der Lahn lässt sich einbauen: Zur Einstiegsstelle in Weimar-Roth radeln (10 km), dann vier Stunden durch schönste Natur zur Badenburg paddeln (16 km mit Abholservice). Ein perfekter Tag!

TIPP

Die Marburger Jugendherberge wird neu gebaut, bis Anfang 2024 sind keine Übernachtungen möglich.

● Velociped Fahrradreisen, Alte Kasseler Straße 43, 35039 Marburg
www.velociped.de, www.radroutenplaner.hessen.de, www.lahn-radweg.de
● Lahntours (Kanu), Lahntalstraße 45, 35096 Weimar-Roth, www.lahntours.de

Mach die Biege!

32

Perlen der Kulturmeile im Biegenviertel

Sieben Jahre ruhte das Kunstmuseum Marburg scheinbar, tatsächlich war es eine Zeit der Aktivitäten, während derer die vierflügelige Anlage aus rotem Sandstein umfangreich saniert wurde. Nun erstrahlt das Ernst-von-Hülsen-Haus wieder als neoklassizistisches Juwel des Biegenviertels. Man könnte die Strecke von der Kunsthalle des Kunstvereins bis zur Volkshochschule leichthin als die Kulturmeile der Lahnstadt bezeichnen, allerdings sind es nur 700 Meter. Wie an einer Perlenkette reiht sich in der Biegenstraße ein Wissens-, Kunst- und Kulturtempel an den nächsten, von zweimal Kino bis zweimal Kunst, von Theater bis Soziokultur, von Konzertsaal bis Tagung, von Audimax bis Institut, von Unipräsidium bis Tourismusbüro, kurz: von etabliert bis alternativ. Nicht zu vergessen ein großes Hotel, eine Foodpassage, die katholische Kirche Sankt Peter und Paul, einige Restaurants und Banken. Mehr geht kaum, und trotzdem wirkt die viel befahrene Biegenstraße als Teil der Hauptverkehrsader durch die Stadt beinahe weitläufig im Kontrast zur engen, fast autofreien Gestalt der Oberstadt.

Das Biegenviertel mit seinen vierstöckigen Gründerzeitzeilen, in deren großbürgerlichen Altbauwohnungen überwiegend studentische Wohngemeinschaften leben und Freiberufler arbeiten, bot Ende des 19. Jahrhunderts als unbebaute Schwemmland-Insel eine letzte Baulandreserve, um gestiegene Komfortansprüche zu erfüllen. Als das Kurfürstentum Hessen-Kassel 1866 durch Preußen annektiert wurde und in Hessen-Nassau aufging, war dies ein Startschuss für die weitere Stadtentwicklung. 1927 entstand das Ernst-von-Hülsen-Haus als „Jubiläumsbau" anlässlich des 400-jährigen Bestehens der Philipps-Universität. Dessen gleichförmig angeordnete Fenster bekrönen Wahrzeichen hessen-nassauischer Städte und umspielen zeittypische Art-Déco-Ornamente. Expressive Details der Außengitter, Fenstersprossen, Leuchter und das elegante Treppenhaus mit Stuckaturen mildern die formale Strenge des Kunstmuseums.

TIPP

Die Bar Villa Biedermeier hinter dem Cineplex serviert erlesene Cocktails (Gerhard-Jahn-Platz 3).

● Kultur in der Biegenstraße, 35037 Marburg, mit Ernst-von Hülsen-Haus (Nr. 11) und Erwin-Piscator-Haus, KFZ (Nr. 15)
● ÖPNV: Diverse Busse, Haltestelle Rudolphsplatz, Erwin-Piscator-Haus und Volkshochschule

Mäuse und Minnas

Das Polizeioldtimer-Museum bei Cyriaxweimar

Alles so schön grün hier. Tannengrün, buchengrün, grün metallic und vor allem „polizeigrün". Um die hundert Automobile, von Opel, VW, BMW, Mercedes, Ford bis Porsche posieren blitzblank gewienert im Gelände und in offenen Hallen eines ehemaligen Bundeswehrstützpunktes bei Cyriaxweimar. Tag der offenen Tür im Polizeioldtimer-Museum! Staunend schieben sich Oldiefans, ganze Familien mit Kind und Kegel, an den „Grünen Minnas" vorbei.

Es begann 1991 mit der Restauration eines Opel Rekord P1 Baujahr 1959 im Polizei-Motorsport-Club Marburg; zwölf Jahre später war der Fuhrpark museumsreif für automobile Polizeigeschichte. Das älteste Gefährt in der größten Sammlung historischer Polizeifahrzeuge in Deutschland, ein Unikat, ist zugleich eines der wertvollsten: Der Mercedes-Benz L 350 von 1952 fungierte als Teil einer mobilen Fernmeldeleitstelle für die Hessische Landespolizei. In älteren Filmen fahren noch „Weiße Mäuse" mit Tatütata herum, VW Käfer 1200.

Es gab auch andere Kaliber, zum Beispiel den ebenfalls weißen Transporter Opel Blitz oder die liliputhafte BMW Isetta 300 Baujahr 1961 mit Blaulicht, Martinshorn und Schiebedach zum Aussteigen bei verklemmter Kabinentür. Abgesehen von Spezialfahrzeugen wie dem gepanzerten Mercedes-Benz S 500 aus dem Pool der Bundesregierung (Neupreis 1961: 337.579 DM), einem Wasserwerfer, einigen Amphibienfahrzeugen und kultigen Bullis von T1 bis T7 hütet der Verein auch Showfahrzeuge. Da gibt es den Prototyp Fiat 500 Fiacedes, in dem Rennfahrer Michael Schumacher nach Erfurt eskortiert wurde, und das Fantasiemobil Trabant P 601 L aus Thüringen. Ab und zu werden die Polizeioldies aus ihren Hangars für „Bewegungsfahrten" geholt, damit sie funktionstüchtig bleiben. Richtig aufregend jedoch gestalten sich die Auftritte der grünen Vehikel bei Aufnahmen für TV-Serien und Kinofilme. Meist dürfen Marburger Polizeikomparsen die historischen Kisten selbst lenken – kaum ein junger Schauspieler käme noch mit Zwischengas oder Lenkradschaltung klar.

TIPP

Das Museum öffnet von April bis Oktober einmal monatlich sonntags; auch Gruppenführungen.

● Deutsches Polizeioldtimer-Museum, Hermannstraße 200, 35043 Marburg-Cyriaxweimar (beste Anfahrt vom Stadtteil Stadtwald aus), https://polizeioldtimer.de
● ÖPNV: Bus 17, Haltestelle Abzweig Neuhöfe (800 Meter zu Fuß)

Ein Heim für Meteoriten

34 Das alte Korn- und Backhaus des Deutschordens

Der wuchtige Bau mit dem hohen Satteldach, den kleinen, rechteckigen Fenstern und dem halbrunden Treppenturm zieht die Blicke auf sich. Was für ein Trumm! Was haben diese Mauern alles gesehen! Den frei liegenden Firmaneiplatz hinter der Elisabethkirche muss man sich als dicht bebautes Ensemble mit etwa 30 Wohn-, Guts- und Verwaltungsgebäuden sowie zwei Hospitälern vorstellen, nach außen abgeschottet durch eine hohe Mauer. Als einzig erhaltenes landwirtschaftliches Gebäude, in dessen Keller Bäcker riesige Backöfen unterhielten, zeugt das 1515 entstandene Kornhaus von der Blütezeit des Deutschordens, der ein halbes Jahrtausend in Marburg residierte. Die ersten mönchisch lebenden 13 Ordensritter ließen sich 1234 in Marburg nieder, übernahmen das von Elisabeth von Thüringen gegründete Hospital und trugen maßgeblich zu deren Heiligsprechung bei. Diese hochmittelalterliche Zeit war ungeheuer spannend, historische Berichte darüber lesen sich wie Politkrimis. Denn die rasend schnell realisierte Kanonisierung Elisabeths war ein hochpolitischer Akt, der auch der Ablenkung und Disziplinierung des Volkes diente. Da kam eine Volksheilige wie Elisabeth, deren Tod Massen von Wallfahrern auf Reliquienjagd nach Marburg gelockt hatte, gerade recht. Der Papst in Rom, die Landgrafenfamilie und der Deutschorden waren sich einig darin, die tendenziell kirchen- und obrigkeitskritische Armutsbewegung klein zu halten. Elisabeth selbst – modern ausgedrückt eine Sozialrevolutionärin – hatte ihr Hospital Franziskus geweiht. Die Franziskaner nahmen als „Diener der Armen" alle Kranken ohne Ansehen von Geschlecht und Religion auf, das entsprach Elisabeths religiöser Einstellung. Die Deutschordensritter pflegten in ihrem Hospital vorrangig kranke Pilger und Kreuzritter, führten Elisabeths Werk also nicht in ihrem Sinne weiter.

Heute beherbergt das Kornhaus die größte mineralogische Sammlung in Hessen mit vielen Tausend Mineralien, Gesteins- und Edelsteinproben sowie 150 Meteoriten.

TIPP

Der 1916 bei Treysa eingeschlagene Eisenmeteorit ist das wertvollste Exponat des Museums.

● Kornhaus, Mineralogisches Museum der Philipps-Universität, Firmaneiplatz 1, 35037 Marburg, www.uni-marburg.de/de/fb19/minmus
● ÖPNV: Diverse Busse, Haltestelle Elisabethkirche

Wo alle Brünnlein fließen

35 ## 16 Zapfstellen mit Trinkwasser in der City

Der Sommer ist heiß, der Durst groß, vor allem beim Pflastertreten bergauf, bergab. Oder schlimmer, man spürt keinen Durst, vergisst zu trinken und dehydriert rasch. Keine Trinkflasche im Rucksack? Wie labend für die ausgetrocknete Kehle wäre jetzt ein kühles Glas Wasser, wie angenehm, sich mit frischem Nass die erhitzte Stirn, die klebrigen Hände und den verschwitzten Nacken zu benetzen. In Marburg ist in dieser Situation guter Rat nicht teuer, sondern kostenlos: Aus 16 von 70 über die Stadt verteilten öffentlichen Brunnen und Wasserspielen fließt frisches Trinkwasser für jeden und jede. Auch das Auge trinkt mit: Die meisten dieser Oasen sprudeln aus kunstvoll gestalteten Hähnen, Bären-, Löwen- oder Wildschweinköpfen. Ein Bechersymbol weist auf die Trinkqualität hin, ist der Becher durchgestrichen, sollte man auf das Schlürfen verzichten.

TIPP

Dart, Kicker, Brettspiele — urig geht es im Bierwerk zu (Hirschberg 12, www.bierwerk-marburg.de).

Wasser ist ein öffentliches Gut, Wasserzugang ein Menschenrecht, Leitungswasser zu trinken besser als Flaschenwasser – zu diesen Prinzipien hat sich Marburg „als nachhaltige, umwelt- und klimafreundliche Stadt" selbst verpflichtet. Neben Berlin, München, Augsburg und Kempten im Allgäu schloss sie sich auf Stadtratsbeschluss als erstes hessisches Mitglied der noch jungen globalen Bewegung „Blue Community" an. Auch die Philipps-Universität ließ sich als fünfte europäische und erste deutsche Hochschule zertifizieren. „Trinkwasser aus der Leitung ist in Deutschland eines der am besten kontrollierten Lebensmittel und von erstklassiger Qualität", so lautet das Credo der Marburger Stadtmütter und -väter.

Und dies sind die wichtigsten Zapfstellen in der City: Rathaus, Bärenbrunnen Schneidersberg, Heumarkt, Saukopfbrunnen Landgraf-Philipp-Straße, Mönchsbrunnen Steinweg 35, Reitgasse gegenüber Café Vetter, Ritterstraße gegenüber Haus Nr. 13, Löwenkopf Am Plan 1 unterhalb des großen Brunnens, Wettergasse 40/42, Weidenhäuser Straße 104, Hirschberg gegenüber Haus Nr. 8, Elisabethkirche rechts vor dem Haupteingang.

● Trinkwasserbrunnen, z. B. Saukopfbrunnen, Landgraf-Philipp-Straße, 35037 Marburg
● ÖPNV: Bus 10, Haltestelle Schloss

Von Behring bis Biontech

36 Auf den Spuren der Pharmaforschung

Wer hätte gedacht, dass die pittoreske hessische Universitätsstadt einmal über Nacht in einer weltweiten Pandemie Ruhm erlangen würde? Nachdem der Mainzer Impfstoffhersteller Biontech ein Produktionswerk in Marburg übernahm, um möglichst rasch weitere Milliarden Impfdosen gegen die Infektionskrankheit Covid 19 herstellen zu können, vervierfachte die Stadt ihre Gewerbesteuereinnahmen. Der mehr als 120 Jahre alte Pharmastandort „Behringwerke" im Stadtteil Marbach besteht heute aus etablierten und jungen Unternehmen mit mehr als 6.000 Mitarbeiterinnen und Mitarbeitern. In den Uni-Instituten für Immunologie, Medizinische Mikrobiologie und Krankenhaushygiene sowie Virologie auf den Lahnbergen setzt sich die pharmakologische Forschung fort. Sie alle sind Erben Emil von Behrings, eine stille Kampftruppe im Hintergrund, kaum ein Bürger bekommt die in weiße Overalls verpackten Operatoren je zu Gesicht, die ihrer lebenswichtigen Tätigkeit in Laboren nachgehen, deren Errichtung eine tiefe Schneise in den Marbacher Wald schlug.

TIPP

Behring gewann das Diphterie-Heilserum aus Pferdeblut, daran erinnert ein Bronzepferd in Marbach.

1904 gründeten Emil von Behring, Hygieneprofessor und erster Nobelpreisträger für Medizin, und der Apotheker Friedrich Siebert das Behring-Werk. Im Ersten Weltkrieg lieferte das junge Unternehmen Tetanus- und Diphterie-Heilserum an die Front. Behring verdankt die Infektionsmedizin die Idee, Bakterien mit körpereigenen Abwehrstoffen zu bekämpfen, die Basis der Blutserumtherapie. Er gilt als „Retter der Kinder", weil fortan die Kindersterblichkeit an Diphterie ihren Schrecken verlor.

Marburg widmet ihrem geadelten Ehrenbürger eine „Behring-Route" mit zwölf Stationen, eine davon ist das Behring-Mausoleum am Waldrand oberhalb von Marbach auf der Elsenhöhe, das Behring selbst bauen ließ. Behrings jüdische Frau Else Spinola, Mutter von sechs Söhnen, gründete die Schwesternschaft des Deutschen Roten Kreuzes, stiftete Mutterhaus und Deutschhausklinik. Dennoch wurde sie im nationalsozialistischen Marburg ausgegrenzt; sie starb 1936 an einem Herzinfarkt.

....

● Behring-Büste, Ecke Deutschhausstraße/Pilgrimstein, 35037 Marburg
Behring-Route, www.marburg.de
● Behring-Mausoleum, Wannkopfstraße folgen, 500 Meter Waldweg,
● ÖPNV: Bus 5, 14, 20, Haltestelle Behringwerke

BEHRING
1854–1917

Murmeltier & Mammutbaum

37 Das Freiland des Neuen Botanischen Gartens

Unsere farbenfrohe, unverwüstliche Tagetes, die in kaum einem Balkonkasten, Hausgarten oder städtischen Blumenbeet fehlt, ist eine bedeutende Heilpflanze aus Mexiko. Ihr Name „Studentenblume" passt zum Konzept des Neuen Botanischen Gartens in Marburg, nämlich Wissensvermittlung. Die Tagetes ist nur eine der mehr als 13.000 Pflanzen, die in dem auf 20 Hektar riesigen Garten der Philipps-Universität angebaut, beschrieben und eingeordnet werden. Während der Alte Botanische Garten inmitten der Innenstadt als Park eine Oase der Erholung darstellt, hat die in den 1960/70er Jahren angelegte botanische Fläche auf den Lahnbergen im Umfeld der naturwissenschaftlichen Institute den Charakter eines Lehrgartens. Wer einen anregenden Spaziergang unternehmen, wer Kindern die Botanik nahebringen oder sein Wissen für Schule, Studium oder Beruf erweitern möchte, zum Beispiel um die Systematik des Pflanzenreiches, wird hier fündig. Der von gewaltigen Mammutbäumen des *Arboretums* umschlossene *Systemgarten* sortiert alle Projektpflanzen nach Abstammungslinien, um ihre Evolution nachzuvollziehen. Das *Alpinum* mit Bergwiesen und Murmeltieren, eines der größten überhaupt in Deutschland, simuliert mit 2.200 Arten, darunter 80 sehr seltene, die Vegetation von zehn Gebirgsregionen der Erde, die sechs bis acht Monate von einer Schneedecke überzogen sind, darunter Himalaya und Rocky Mountains. Der Rhododendronwald mit seinen mehr als 150 Wildarten und 200 Hybriden entfaltet im Frühsommer eine herrliche Blütenpracht. Auch die Farnschlucht, neben der Hügelgräber aus der Urnenfeld-Kultur freigelegt wurden, der Frühlingswald, die Nutzpflanzen (mit Kartoffeln!), Stauden und die reich bestückte Parzelle Heilpflanzen, deren Wirkung und Anwendung man kennenlernen kann, tragen zur Glückseligkeit bei. Wir erfahren, dass Safran nicht nur eines der teuersten, sondern eines der ältesten Gewürze der Welt ist – für ein Kilo des kostbaren Rotgoldes für die mediterrane Küche benötigt man 150.000 Blüten!

TIPP

Der spannende Indianerpfad begeistert Kinder (Rallye) und beglückt Erwachsene mit Heilwissen.

● Neuer Botanischer Garten, Karl-von-Frisch-Straße, 35043 Marburg
www.uni-marburg.de/de/botgart/neuer-garten
● ÖPNV: Bus 2, 7, 9, 11, Haltestelle Botanischer Garten

Dem Himmel nah

38 Die Burgruine Frauenberg hinter Cappel

Die Romantikerin Caroline Schlegel-Schelling nannte die Aussicht „über allen Beschreibungen himmlisch". Tatsächlich ist der Rundblick von der Burgruine Frauenberg atemberaubend, er geht weit hinaus über die Dörfer, Felder und Wiesen des Ebsdorfer Grunds, des Lahntals und des Amöneburger Beckens bis in den Vogelsberg. Der Basaltkegel der in Luftlinie zwölf Kilometer entfernten Burg Amöneburg scheint zum Greifen nahe. Der Frauenberg ist selbst ein 381 Meter hoher Basaltkegel. Diese weite Sicht vom Frauenberg aus hatte im Mittelalter eine strategische Bedeutung. Einerseits lag die Erhebung in der Nähe der „Langen Hessen", eine ebenso wie die „Kurzen Hessen" wichtige Verbindungsstraße zwischen den Messestädten Frankfurt und Leipzig. Andererseits hatte Sophie von Brabant, Tochter der heiligen Elisabeth und des Landgrafen Ludwig IV. von Thüringen, die Burg als Burgmannenstation zur Verteidigung gegen die Amöneburger errichten lassen. Burg und Stadt Amöneburg gehörten nämlich nicht zum Territorium der hessischen Landgrafen, sondern dem Erzbistum Mainz. Den Mainzern galt der Besitz als heilig, immerhin hatte der Missionarsbischof Bonifatius hier eine Klosterzelle gegründet und mit der Christianisierung Oberhessens begonnen.

Später verfiel die Burg und versank für Jahrhunderte in einen tiefen Dornröschenschlaf, aus dem ihn erst die Burgenromantiker um 1800 erlösten – Dichter und ihre Gefährtinnen, Professoren und Studenten. Bäuerlich verkleidet feierten Marburger Intellektuelle „saturnalische" Feste mit Tanz und Gelagen unter Zeltdächern. Mit dem Bau der Marburger Kreisbahn und deren Inbetriebnahme 1905 war die Burgruine leichter zu erreichen. Sie entwickelte sich zu einem Ort der Sommerfrische, wohin man fuhr und im neuen Fachwerk-Jugendstil-Hotel Seebode abstieg. Die Kreisbahn gibt es nicht mehr, als Naherholungsort mit Spazier- und Wanderwegen, Ruhebänken und Ruinenabenteuern in herrlicher Umgebung blieb der Frauenberg samt *Café Seebode* sommers wie winters glücklicherweise erhalten.

TIPP

Wohnmobilstellplatz am nahen Gasthaus Zur Burgruine Frauenberg (www.zurburgruinefrauenberg.de).

● Burgruine Frauenberg und Hotel-Café Seebode, Burgweg, 35085 Ebsdorfergrund (2 Kilometer hinter Stadtteil Cappel, Abzweigung von K41), www.hotel-seebode.de
● ÖPNV: Bahnbus 86 ab Erlenring über Cappel, Haltestelle Beltershausen Frauenberg

Oben hui, unten pfui

39 ## Streethopping im Steinweg

Einer der lustigsten Wege von der Unter- in die Oberstadt ist der kopfsteingepflasterte Steinweg. In drei höhenversetzten Bahnen ansteigend, zwischen denen man über Treppchen wechseln kann, veranlasst er uns und vor allem Kinder zum Streethopping. Der breiteste und höchste Abschnitt diente bereits um 1300 als Überlandstraße, Teil eines den Schlossberg säumenden fuhrtauglichen Hauptweges durch Marburg. Die *Plantage* oder *Promenade,* der schmalere und baumbestandene mittlere Abschnitt, wurde als Fußweg benötigt, denn durch die unterste Passage schossen Wasser, Unrat und Fäkalien den Berg herab. In diesem *Loch* lebten im Mittelalter ärmere Leute. Im besten Fall war es vor der Tür ihrer Häuser nur etwas feuchter als gegenüber in der besseren Lage, wahrscheinlich waren Gestank und Wasserdruck aber wesentlich schlimmer. Inzwischen ist auch das Loch mit neuen, teils historistischen Bauten ausgestattet und die Wohnlage spätestens seit der teilweisen Verkehrsberuhigung des Steinwegs sehr beliebt. An jedem ersten Samstag des Monats findet auf den Ebenen Loch und *Promenade* ein Flohmarkt statt. Und die Galerie *17QM* ist ein künstlerischer „Raum für Möglichkeiten".

TIPP

Ein letztes Bier zapft bis 3 Uhr die Kultkneipe Delirium mit Frazzkeller (Steinweg 3).

Sofort ins Auge fällt der repräsentative einstige Burgmannensitz am oberen Niveau, an dessen Seitenmauer das Märchen *Vom Wolf und den sieben Geißlein* für den Grimm-Dich-Pfad verewigt wurde. In dem darunter liegenden Gewölbe ist der Jazzclub *Cavete* zu Hause, der mittlerweile zu den renommiertesten Jazzadressen in Europa zählt. Der Verein Jazzinitiative veranstaltet dort unverdrossen seit 1980 Konzerte und Open-Stage-Abende. Die Stilpalette reicht von New Orleans bis Free Jazz und New Jazz, von Saxofon bis Piano und Drum. Wenige Häuser weiter unten im Steinweg strömt aus einem großen Ladengeschäft anregender Kaffeeduft, der Lust auf eine kurze Stehpause mit Espresso, Cappuccino, Caffè Latte oder Chai Latte macht. In der Kaffeerösterei & Espressobar *Bohne* bekommt man alles, was das Kaffeeherz begehrt, von Bohne bis Maschine.

● Steinweg, 35037 Marburg, mit Jazzclub Cavete (Nr. 12, www.jazzini.de) und Kafferösterei & Espressobar Bohne (Nr. 19)
● ÖPNV: Bus 9, 10, Haltestelle Steinweg/Elisabethkirche

Gemaltes Gipfeltreffen

40 Das Marburger Religionsgespräch im Schloss

Was für ein Bild! Steht man im Landgrafenschloss vor dem Gemälde des Historienmalers August Noack (Foto Ausschnitt), meint man geradezu, das erhitzte Streitgespräch der Diskutanten und das zustimmende oder ablehnende Gebrumm der Zuhörer zu hören. „Das *ist* mein Leib", ruft Luther. Zwingli hebt den Zeigefinger und schreit „nein, es *sei* mein Leib!" Es war eine Sensation: Der berühmte Reformator Martin Luther zog am 30. September 1529 nach zweiwöchiger Reise aus Wittenberg im Schutz von 40 hessischen Reitern über die Weidenhäuser Brücke durch das Lahntor ein. In der Stadt grassierte gerade die tödliche Epidemie „Englischer Schweiß". Gastgeber Philipp, genannt *der Großmütige*, hatte Luther 1521 beim Reichstag zu Worms in Anwesenheit von Kaiser Karl V. kennengelernt. Der damals 17-jährige Landgraf war dorthin gereist, begleitet von 400 Reitern in Rüstung und 200 Adligen und Bediensteten, eine Machtdemonstration des vereinten Hessen. Der Reformator beeindruckte Philipp nachhaltig, er versprach ihm: „Predige Er, Luther, so will ich derweil sehen, dass man die Pferde sattle", sprich: die praktisch-politischen Bedingungen schaffen. Gesagt, getan, ab 1526 wurde in Marburg evangelisch gepredigt. Allerdings waren sich die führenden evangelischen Theologen über ein paar Punkte uneinig, Philipp wollte schlichten, eine Spaltung der Protestanten frühzeitig verhindern, deshalb lud er zehn bedeutende Reformatoren auf sein Schloss, wo sie vier Tage disputierten und sich in 14 Punkten einigten – außer in der wichtigen Abendmahlsfrage. Am leidenschaftlichsten kämpften die Hauptkontrahenten Martin Luther (auf dem Gemälde der Mann, der den Arm abwehrend hebt) und Huldrych Zwingli aus Zürich (der Mann rechts von ihm). Luther soll sich barsch und cholerisch verhalten haben, was Philipp ihm verübelte. Zwingli war immerhin vier Wochen unterwegs gewesen, um an diesem Gipfeltreffen der Giganten teilzunehmen. Philipp reiste schließlich abschiedslos in seine zweite Residenz Kassel ab.

TIPP

Der Rundgang „Reformationsroute" führt zu zehn Stationen in Marburg (Flyer unter www.marburg.de).

● Gemälde im Museum für Kunst und Kulturgeschichte der Philipps-Universität Marburg im Landgrafenschloss, Gisonenweg, 35037 Marburg, www.uni-marburg.de
● ÖPNV: Bus 10, Haltestelle Schloss

Im ewigen Tal

41

Michelbach und Elnhausen

Die *Elnhausen-Michelbacher Senke* ist eine anmutige Landschaft aus sanften Kuppen und Mulden im Tal zwischen dem Marburger Rücken am Rande des hessischen Buntsandsteingebietes und dem geologisch älteren Gladenbacher Bergland als Ausläufer des Rheinischen Schiefergebirges. Ob wandernd, spazierend, joggend, walkend, reitend oder radelnd, ob durch lichte Buchenwälder streifend oder an den Feuchtwiesen des Naturschutzgebietes *Lahnknie* auf Fotopirsch nach Wasseramseln, Gebirgsstelzen oder anderen Biotopbewohnern – Marburgs Westen ist einen Ferien- oder Sonntagsausflug wert. Das 1200-jährige Michelbach übertrifft als einwohnerstärkster Außen-Stadtteil die Erstnennung Marburgs um 400 Jahre. So verwundert es nicht, dass hier auch die älteste Pfarrkirche, von einer dicken Bruchsteinmauer umgeben, zu finden ist. Die massige evangelische Martinskirche, älter als die Elisabethkirche, bildet eine der Stationen des „Kunst- und Kulturwegs", der die durch eine natürliche Frischluftschneise *Ewiges Tal* getrennten Alt- und Neusiedlungen verbindet. Der vom Verein *Kulturcafé* entwickelte Spazierweg führt zu Kunstobjekten, Kulturdenkmälern, alten Fachwerkhäusern und auch zur *Hessenwiese*. Die unter pomologischer Aufsicht angelegte Streuobstwiese trägt 134 Apfelbäume, die alle hessischen Lokalobstsorten repräsentieren. Im Herbst leuchtet die Hessens Grenze nachbildende Umrisshecke aus roten und weißen Schneebeeren in den Landesfarben.

Die Kirche von Elnhausen ist zwar nicht so alt wie die Michelbacher, eine barocke Saalkirche mit einem dreigeschossigen Haubendachreiter, aber der Stadtteil verfügt als einziger über ein eigenes Schloss. Natürlich kann das 1672 von Gutsbesitzer Hermann von Vultée auf den Resten einer Wasserburg gebaute Barockanwesen nicht mit dem Landgrafenschloss der Marburger konkurrieren. Dennoch ist die privat bewohnte, um einen großen Hof gruppierte Schlossanlage mit Herrenhaus und isolierten Seitenflügeln ein besonderer Blickfang inmitten des historischen Dorfkerns mit Kirche und Bauernhöfen.

TIPP

Abstecher nach Michelbach vom Lahnradweg, Fernwanderweg R2 und Studentenpfad möglich.

● 35041 Marburg-Michelbach mit Martinskirche (Kirchgasse) und Kulturcafé (Michelbacher Straße 9), www.michelbach.de
● 35041 Marburg-Elnhausen mit Schloss (Hermann-von-Vultée-Weg) www.elnhausen-marburg.de
● ÖPNV: Bus 14, Haltestelle Michelbach; Bus 10 Elnhausen

Geistige Glücksoase

42 Die Universitätsbibliothek in der City

Wo einst Tausende von Säuglingen in der Frauenklinik das Licht der Welt erblickten, ruht nun ein lang gestreckter Bau gleich einem überdimensionalen Tanker. Die zentrale Ausleihbibliothek der Philipps-Universität bildet als Glücksoase des akademischen Alltags den Mittelpunkt des sozial- und geisteswissenschaftlichen *Campus Firmanei*. Die „UB" ist neben zwei neuen Forschungszentren auf dem alten Brauereigelände wichtigster Bestandteil der im großen Stil umstrukturierten Marburger Hochschullandschaft.

Betrachtet man die gebogene Front der Universitätsbibliothek vom Pilgrimstein aus, ist man erstaunt, wie harmonisch sich der Koloss, der immerhin 18.000 Quadratmeter Innenfläche umschließt, in die gewachsene Umgebung einfügt. Das hat damit zu tun, dass die Bücherei in einer Senke steht und das Areal als öffentlicher Durchgang dient. Die intuitiv wahrgenommene Schönheit des 120-Millionen-Euro-Komplexes ist architektonisch ausgeklügelt. In der Stahl-Glas-Front des Kalt-Atriums spiegelt sich der benachbarte Schäferbau, dessen Sandsteinfärbung sich im Terrakottarot der Atrium-Innenwand wiederholt. Im Innern des Gebäudes erinnern unregelmäßig angeordnete Treppen und terrassenartige Absätze an die chaotische Topografie der Oberstadt.

Die Bibliothek übernahm den Medienbestand des alten „Silberwürfels", dem einst extravaganten, nun maroden 1960er-UB-Bau auf der anderen Lahnseite, und integrierte zahlreiche verstreute Fachbereichsbüchereien. Das Lager geistigen Guts umfasst 3,2 Millionen Bücher und elektronische Medien, die allen Universitätsangehörigen und Bürgern zur Verfügung stehen. In diesem Garten Eden des Lesens gibt es einen klimatisierten Lesesaal, ein Medienzentrum mit 100 Computern, Einzelkabinen für ungestörtes Arbeiten, Gruppenräume für Teamsitzungen, Working Space für vernetztes Forschen, sogar ein Filmstudio. Und wer sich eine Pause gönnen möchte, findet bequeme Sitzinseln mit Akustiksesseln und natürlich eine Cafeteria vor.

TIPP

Italienische Küche in gutem Ambiente bietet das Valente (Steinweg 2 ½, www.ristorante-valente.de).

● UB Universitätsbibliothek Marburg, Deutschhausstraße 9, 35037 Marburg
www.uni-marburg.de/de/ub
● ÖPNV: Diverse Busse, Haltestelle Elisabethkirche und Elisabethkirche/Steinweg

Herzliche Holdseligkeit

43 Zum Michelchen und zur Augustenruhe

Vis-à-vis vom Rosenportal der Elisabethkirche führt eine Treppengasse zur versteckten Sankt Michaelskapelle auf einem mittelalterlichen Friedhof für Elisabethpilger und Mönche des Deutschordens. Das 1270 geweihte *Michelchen,* wie die Marburger das gotische Kirchlein mit spitzbogigen Fenstern liebevoll titulieren, ist selten geöffnet, steht aber auf einem idyllischen Hanggrundstück, akustisch abgeschottet vom stetig strömenden Durchgangsverkehr der Elisabethstraße. Einige der verwitterten Grabsteine stammen noch aus dem 16. Jahrhundert. Nachdem die Pilger ausblieben und Marburg evangelisch wurde, nutzten einheimische Familien bis 1888 das Gelände für Bestattungen, restaurierten und erweiterten die Kapelle. Wer sich für die Architektur von Grabmälern und für Steinmetzarbeiten begeistert, findet am *Michelchen* genügend Anschauungsmaterial, allen anderen bietet der kleine Park eine erholsame Pause vom städtischen Trubel.

Vom Michelchen aus führt ein friedvoller, recht steiler Wäldchenweg, vorbei am Verbindungshaus der Landsmannschaft Hassia-Borussia, zur Augustenruhe hoch, wo ein mehr als 200-jähriger Obelisk und eine Schutzhütte auf Spaziergänger warten. Eigentlich heißt die Anhöhe *Minne* oder *Lützelberg,* weil hier mal eine gisonische Burg gestanden haben soll. Die preußische Prinzessin Auguste, Tochter von König Friedrich Wilhelm II. und durch Heirat Kurfürstin von Hessen-Kassel, besuchte im Mai 1814 die Elisabethkirche und stieg – gefolgt von einer Prozession Marburger Bürger – zur *Minne* hoch. „Alle fühlten sich durch ihre herzgewinnende Holdseligkeit beglückt", vermerkte der Chronist. Von da an hieß die Raststelle Augustenruhe. Es bietet sich an, den Rundgang über die Straße Am Weinberg fortzusetzen, von wo aus man eine überwältigende Aussicht hat. Vor allem kann man die Turmspitzen der Elisabethkirche auf Augenhöhe betrachten, besonders eindrucksvoll, wenn das Glockengeläut übers Tal schallt. Wer mag, gelangt über die Wilhelm-Roser-Straße auf die *Behring-Route* (Flyer).

TIPP

Über die Augustenruhe führen die Wanderwege Burgwaldpfad sowie Hugenotten- und Waldenserpfad.

● Sankt-Michaelskapelle (Michelchen), Friedrich-Siebert-Weg, 35037 Marburg
● ÖPNV: Bus 1, Haltestelle Elisabethstraße

Lost-Places-Nostalgie

44 Brutalismus statt Bierseligkeit

Bis heute kursieren unter Sammlern Ansichtskarten mit der Abbildung von zwei geschichtsträchtigen Fachwerkhäusern, dem Bierlokal *Bopps Terrassen* und der Traubenapotheke. Nicht nur Denkmalschützer brechen in Klagen aus, wenn die Rede auf die Adresse Reitgasse 13 und 15 kommt. Wegrasiert, abgerissen 1965, ersetzt durch ein unscheinbares Wohnhaus. Die charmante *Alte Mensa* nebenan mit hohen Fenstern und Talblick, heute ein Seminarhaus, durfte bleiben.

Wer Marburg liebt und die zahlreichen Glücksorte der malerischen Altstadt preist, kann die Augen vor den Bausünden der Nachkriegszeit nicht verschließen, Trauer ist die Kehrseite des Glücks. 1950 zählte Marburg zu den ärmsten Städten in Deutschland, jeder zehnte Bürger lebte von Sozialhilfe, ein Viertel der Bevölkerung bestand aus Flüchtlingen und Evakuierten. Wohnungsbau lautete das Gebot der Stunde, die Geburt des Richtsberg-Viertels auf der grünen Wiese, heute mit 8000 Einwohnern der größte Kernstadtteil. Kaum war die schlimmste Not behoben, kam die Abrissbirne in der City zur Geltung. Das vielbesungene historische *Wirtshaus an der Lahn* wich einem vierzehnstöckigen, an Hässlichkeit kaum zu übertreffenden Hochhaus, das seit einem halben Jahrhundert als *Affenfelsen* verspottet und mittlerweile als Highlight des Brutalismus gefeiert wird. Am Markt verschwand das Gasthaus *Ritter*, dem Sparkassenbau fielen zehn Häuser zum Opfer, die historische Leitung *Marburger Wasserkunst* von 1572 wurde zugeschüttet, das Gymnasium Philippinum, das Theater *Stadtsäle*, neben der Elisabethkirche das Gasthaus *Felsenkeller* – alle weggeputzt und die Schnellstraße Stadtautobahn oberirdisch durchs Tal gezogen. Der Tiefpunkt war erreicht, als ein Gutachten 1969 ermittelte, 48 Prozent der Oberstadt-Bausubstanz sei abrissreif, weitere 25 Prozent schwer zu erhalten. Rettung nahte glücklicherweise politisch durch einen jungen Oberbürgermeister, der das Ruder herumschwang. Bereits zum Hessentag 1972 erstrahlte die sanierte Oberstadt (Foto) in leuchtenden Fachwerkfarben, dabei blieb es bis heute.

TIPP

Originell: Bar und Club Q im Eiskeller der alten Brauerei Bopp (Pilgrimstein 26-28, www.q-mr.de).

● Lost Places im gesamten Stadtgebiet, bleiben durfte die Alte Mensa, Reitgasse 11, 35037 Marburg, https://milq.de
● Hochhaus Affenfelsen, Gisselberger Straße 2
● ÖPNV: Diverse Busse, Haltestelle Rudolphsplatz

Glücklich gebären

45

Die „Accouchieranstalt" im Deutschordenshaus

Wenn die Ethnologieprofessorin Dr. Marita Metz-Becker eine ihrer beliebten Führungen zum Thema Hebammen veranstaltet, bringt sie ihre Gruppe gern in den Südchor der Elisabethkirche. Der linke Flügel des Johannes-Altars zeigt eine frühneuzeitliche Geburtsszene, für die Ethnologin Beispiel einer glücklich verlaufenden Entbindung. Auf dem Gemälde von 1512 überreicht eine Frau der Wöchnerin ihr Neugeborenes, eine andere wärmt Tücher für das Baby, vor dem Bett steht eine Wasserschüssel, davor eine verzierte „Wöchnerinnenkanne" mit einem stärkenden Getränk, und nebenan erfreuen sich die Nachbarinnen an der damals üblichen Wöchnerinnenzeche. „Der Maler Johann van der Leiten kannte den Geburtsalltag seiner Zeit, das Bild belegt, dass Gebärende von mehreren Frauen umsorgt wurden", erzählt die Professorin.

TIPP

Mitmach-Kultur betreibt das soziokulturelle Zentrum Café Trauma im g-Werk (www.cafe-trauma.de).

Über Jahrtausende begleiteten heilkundige „Weh-Mütter" Geburten und gaben ihr „geheimes" Fachwissen weiter, Männer hatten dabei nichts zu melden. Dies änderte sich nach der Aufklärung. Mediziner übten massive Kritik an den Arbeitsmethoden von Hebammen, sie seien nicht wissenschaftlich fundiert. Deshalb mussten in Marburg künftige Hebammen den klinischen Unterricht im 1792 gegründeten „Accouchier-Institut" in einem Fachwerkhaus Am Grün besuchen, eines der frühesten Geburtshäuser in Europa. Von 1823 bis 1866 war es im ehemaligen Herrenhaus des Deutschordens untergebracht (Foto), heute Fachbereich Geographie der Universität. „In die Accouchieranstalt ging die Bürgerin nicht", sagt Metz-Becker, ledige Schwangere dagegen, „liederliche Weibsstücke", waren dazu verpflichtet. Wegen experimenteller Operationen durch Ärzte und mangelnden Hygienewissens starb dort jede vierte Wöchnerin. Immerhin hatte eine französische Geburtshelferin das Glück, dass ihre überragenden medizinischen Fähigkeiten anerkannt wurden: Als erste Frau wurde Marie Anne Victorine Boivin-Gillain 1828 in Marburg für ihr erfolgreiches Lehrbuch mit der Ehrendoktorwürde ausgezeichnet.

....

● Ehemalige Accouchieranstalt im Deutschhausstraße 10, 35037 Marburg
● ÖPNV: Diverse Busse, Haltestelle Elisabethkirche

Genrebilder und Avantgarde

46

Die Sammlungen des Marburger Kunstmuseums

Das Bild *Anna Giebel mit Wassereimer* strahlt eine heitere Gelassenheit aus. Die in Grün- und Brauntönen verfließenden Farben der Flusslandschaft, in der sich ein blasses Himmelsblau spiegelt, kontrastieren sanft mit der versonnen vor sich hinblickenden Dame und deren leuchtend blau-weiß-brauner Kleidung. Sie ist keine Landarbeiterin oder Bäuerin, eher eine bürgerliche Spaziergängerin, eins mit sich und der sie umgebenden Natur. Als Heinrich Giebel 1912 sein Ölgemälde *Anna Giebel mit Wassereimer* schuf, war er bereits ein arrivierter Porträt- und Landschaftsmaler, lehrte an der Marburger Universität Zeichnen und Malen. Er gehörte zum Kreis der Willingshäuser Malerkolonie, einer der ältesten Künstlergemeinschaften in Europa unweit von Marburg. Das Bild ist Teil einer der bedeutenden Sammlungen des Marburger Museums für Kunst und Kulturgeschichte der Philipps-Universität in der Biegenstraße. Es ist, als ob man durch ein Schlüsselloch ins Licht einer längst verflossenen Zeit blickt, über deren Alltag wir wenig wissen. Außer Heinrich Giebel quartierten sich Ludwig Emil Grimm (Bruder der Märchenbrüder), Wilhelm Thielmann, Adolf Lins, Ludwig Knaus und vor allem Carl Bantzer im Willingshäuser Dorfgasthaus ein, um nur einige zu nennen. Sie zeichneten und malten Bauern, Handwerker, Frauen und Kinder in alltäglichen Situationen. Bantzer prägte die Blütezeit der Kolonie zwischen 1890 und 1914. Seine berühmtesten Gemälde *Schwälmer Tanz* und *Abendmahl in einer hessischen Dorfkirche* hingen auf Weltausstellungen in Paris und St. Louis und nun in Marburg. Das mit Werken des 17. bis 20. Jahrhunderts breit aufgestellte Museum im Ernst-von-Hülsen-Haus hütet schwerpunktmäßig Exponate der Moderne und des Expressiven Realismus. Ein besonders beglückender Kunstschatz ist die Sammlung der Marburger Unternehmerin und Designerin Hilde Eitel, ein Vermächtnis von 57 Werken der internationalen Avantgarde nach 1945. Dazu gehören Arbeiten von Jean Dubuffet, Yves Klein, Niki de Saint Phalle.

TIPP

Gegenüber vom Kunstmuseum bietet das Capitol Filmkunsttheater bewegende Kinoabende.

● Museum für Kunst und Kulturgeschichte der Philipps-Universität, Kunstmuseum Marburg im Ernst-von-Hülsen-Haus, Biegenstraße 11, 35037 Marburg
www.uni-marburg.de/de/museum/kunstmuseum
● ÖPNV: Diverse Busse, Haltestelle Rudolphsplatz

Heinrich Giebel

Gemüsepfanne statt Burger

47 Gärtnern im Gesundheitsgarten

Lavendelduft und Wohlgerüche diverser Kräuter liegen in der Luft. Der Gesundheitsgarten im Park der Vitos-Klinik ist eine Oase der Ruhe und der Erholung, aber auch der Aktivität und des Lernens. Selbst Sauerteigbrot backen, Apfelsaft keltern, Küchenkräuter ziehen, Hochbeete anlegen, Gemüse anbauen, Obst einmachen. Unter Anleitung der Initiative *GartenWerkStadt* bewirtschaften während der Sommersaison mehrere Arbeitsgruppen, darunter zahlreiche Kinder und Jugendliche, einmal pro Woche im nordöstlichen Teil des 30 Hektar großen Klinikgrundstücks ökologische Gemeinschaftsgärten. Sie bauen heimisches Gemüse an – Kartoffeln, Lauch, Bohnen, Mangold, Zucchini, Tomaten, Karotten, Gurken – und pflegen die Streuobstwiese. Im Backhaus entstehen Brot, Pizza und Flammkuchen. In der mobilen Küche wird die Ernte zu leckeren Gerichten verarbeitet, um zu zeigen, wie verführerisch gesunde und klimagerechte Ernährung

TIPP

Beim Cappeler Backhausfest gibt es Ofenbrot und Kartoffelspeckkuchen (Ecke Ronhäuser/ Marburger Straße).

sein kann. Hobbygärtnerinnen tauschen Rezepte aus und erfahren die Unterschiede zwischen konventioneller und ökologischer Landwirtschaft. Kinder lernen spielerisch, „dass bei der Produktion eines konventionellen Burgers mit Pommes und Ketchup fast zwanzigmal so viel CO_2 entsteht wie bei einer biologischen Gemüsepfanne mit Kartoffeln". Darüber hinaus bieten Arbeitsgruppen Workshops, Konzerte, Vorträge, Gartenkino, Ausstellungen und Gartenfeste an. Der schöne, alte Park und der *Gesundheitsgarten* auf dem Vitos-Grundstück sind Teil des Therapiekonzeptes der Fachkliniken von Vitos Gießen-Marburg.

Damit nicht genug: Das vom Marburger Magistrat getragene Projekt ist nur eines unter weiteren gemeinschaftlichen Garteninitiativen in Marburg. Direkt an den Gesundheitsgarten grenzen die *Interkulturellen Gärten* des Wohngebiets Richtsberg, auf deren Gelände 30 Familien jeweils eine eigene Parzelle und Gemeinschaftsflächen bewirtschaften. Und im Stadtteil Stadtwald verwandelten 20 Familien eine Wiese ebenfalls in einen blühenden interkulturellen Gemeinschaftsgarten.

....

● Gesundheitsgarten Vitos, Cappeler Straße 98, 35039 Marburg
www.gartenwerkstadt.de
● ÖPNV: Bus 2, Haltestelle Rollwiesenweg (Vitos) und
August-Bebel-Platz (Backhaus)

Der schiefe Turm von Marburg

48 ## Am Lutherischen Kirchhof

In der Ferne schimmern die Wohnblocks des Richtsbergviertels vor der Waldkulisse der Lahnberge. Fast zum Greifen nah erstreckt sich vor uns ein Teppich von roten und grauen Dachziegeln verschiedener Qualität und Erhaltung – historische Biberschwänze, Schieferplatten, moderne Ziegel. Der große Platz vor der Lutherischen Pfarrkirche, wo Kugelgasse und Nicolaistraße sich küssen, ist ein beliebter Stadtbalkon, auf dem junge Leute und Anwohner an lauen Sommerabenden auf Bänken und Mauer lagern und die friedliche Stimmung genießen. Man weiß nicht exakt, wann die Panoramaterrasse aufgeschüttet und eine stabile Stützmauer gesetzt wurde. Der im 14. Jahrhundert zu einer dreischiffigen Hallenkirche erweiterte romanische Bau war das erste Gotteshaus des Deutschordens innerhalb der Stadtmauern. Landgraf Philipp, genannt *der Großmütige,* schützte Sankt Marien vor der Säkularisierung, um sie fortan für lutherische Gottesdienste zu nutzen. Sein Enkel Landgraf Moritz von Hessen-Kassel genannt *der Gelehrte* allerdings, der Marburg 1604 erbte, löste eine „zweite Reformation" mit einem brutalen Bildersturm aus. Aus Protest gegen den von Moritz aufgezwungenen reformierten Protestantismus verprügelte eine wütende Menge seine Pfarrer. Nun rückte der Landgraf mit Militärmacht an, seine Soldaten zerstörten und verstümmelten die meisten der kostbaren mittelalterlichen Kunstwerke. 1623 verlor Moritz sein Erbe, Marburg bekam das Luthertum zurück, was den bis heute betont „lutherischen" Namen der Pfarrkirche erklärt. Der Kirchturm mit dem schiefen Pyramidenhelm war von Anfang an *schepp*, weil die noch feuchten Balken sich in der Sonne verzogen hatten. Der Baumeister soll sich aus Gram deshalb darin erhängt haben. Heute ist die Gemeinde stolz auf ihren schiefen Turm, immerhin ein Alleinstellungsmerkmal. Vom Kirchhof blickt man hinab auf den bunten Märchenspielplatz am Rübenstein. Einen Vorgeschmack bekommen Kinder, wenn sie oben bereits mit dem lustigen „Dreh-Grimm" aus Holz spielen.

TIPP

In der Kirche finden oft Orgelkonzerte statt. Den Kirchturm kann man besteigen.

● Lutherische Pfarrkirche St. Marien, Lutherischer Kirchhof 1, 35037 Marburg
www.pfarrkirche.ekmr.de
● ÖPNV: Bus 16, Haltestelle Am Plan; Bus 10, Haltestelle Oberstadt/Markt

Zu gut fürs Kaffeekränzchen

49 ### Irdenes Geschirr im Waldecker Saal

„Marburger Dippche" sind legendär, kaum ein alteingesessener Haushalt, in dem nicht ein paar Kännchen, Wandteller, Krüge, ein robuster Deckeltopf oder gar ein ganzes Kaffeeservice von Marburger Irdenware zum Inventar gehört. Umso größer waren der Aufschrei und die nachhaltige Trauer, als die Kunsttöpferei Schneider, das letzte „Töpferhaus" im Steinweg, nach 211 Jahren des Bestehens pandemie- und altersbedingt das Geschäft aufgab. Ende einer Institution! Immerhin befindet sich im Waldecker Saal des Schlosses eine umfangreiche Dauerausstellung über Keramik mit zahlreichen Exponaten.

Glasiertes Irdengeschirr gehörte seit Anfang des 19. Jahrhunderts zu den Gebrauchsgegenständen, ähnlich dem Kaffee, der ursprünglich ein Luxusprodukt der oberen Schichten war. Bohnenkaffee und sein Ersatz (Zichorien- oder Gerstenkaffee) bleibt in irdenen Kannen länger warm als in Porzellan- oder Steingutbehältern. Das Marburger Geschirr bezieht sich zunächst auf braune Keramik mit buntem Schlickermuster, das auch in anderen hessischen Regionen hergestellt wurde. Später verknüpfte man mit dem Namen eine bestimmte Stilrichtung: farbiges Auflagendekor, die „Marburger aufgelegte Ware". Die schmückenden Wandteller und Sammeltassen aus Marburg entwickelten sich im ländlichen Kleinbürgertum zu repräsentativen Vitrinen-Objekten und im Beamten- und Bildungsbürgertum zu Geschenkartikeln. Je teurer und verzierter die Kannen, desto sichtbarer präsentierte man sie auf dem Geschirrbord, nur gelegentlich verwendet anlässlich der in Mode gekommenen „Kaffeekränzchen". In höfischen Adelskreisen war es lange schon üblich, sich gegenseitig wertvolle Gedenk- oder Gratulationsobjekte aus Silber, Fayence und Porzellan zu verehren, sogar mit militärischen Symbolen wie Eichen- und Lorbeerzweigen sowie Eisernen Kreuzen verziert. Damen erhielten Teller mit klugen Sinnsprüchen wie „Glücklich ist, wer auch ohne Geld, immer den Humor behält" oder etwas romantischer „In dem schönen Rosengarten will ich meinen Schatz erwarten".

TIPP

Das Foto zeigt einen Tabaktopf mit aufgelegten Initialen, datiert auf 1839.

● Dauerausstellung zum Irdenen Geschirr, Landgrafenschloss, Waldecker Saal,
Gisonenweg, 35037 Marburg
www.uni-marburg.de/de/museum/landgrafenschloss
● ÖPNV: Bus 10, Haltestelle Schloss

Von Wehr zu Wehr

50 Trojedamm und Grüner Wehr

Vom Hirsefeldsteg aus und von der Uferböschung der Lahn unterhalb des Trojedamms erwischt man den spektakulärsten Fotospot auf die Stadtkulisse und das plätschernde *Grüner Wehr*. Die Perspektive umfasst die klassischen Motive zur visuellen Charakterisierung der Stadt Marburg: Lahn, Wehr, Schloss, Altstadt oder Grün, je nach Jahreszeit. Und wenn dann noch die Sonne scheint, der Himmel bläut und sich ein Graureiher vor die Linse schwingt, ist der Tag gerettet – zur Not tut es ein Schwan. Das 73 Meter breite Grüner Wehr ist ein historisches Kulturdenkmal, zugleich mit hohem Freizeit- und Erinnerungswert. Seit Jahrhunderten, man spricht von 800 Jahren, erfüllt die Staustufe ihren Dienst. Sie verhindert eine Absenkung des Grundwassers und wendet Schaden von den Häusern der Straße Am Grün auf der Lahnwestseite ab. Geht es um Sanierung des Wehres, reden viele mit: Denkmalschutz, Naherholung, Natur- und Gewässerschutz, Ortsbeirat und Bürgerinitiative, oft uneinig. Hält der aus Holzpfählen bestehende Unterbau oder hält er nicht? Davon abgesehen bleibt die Hochstimmung – der schöne Blick, das stetige Rauschen des Wassers und die schlichte Freude daran. Schlicht ist das Stichwort – Kanurutsche mit Betonpodest und Fischtreppe sind nach erheblichem Widerstand der Bevölkerung vom Tisch. Die unbetonierten, kieselbedeckten Lahnufer, die Lahnwiesen südlich, die Afföllerwiesen nördlich, citynah der schattige Trojedamm – da geht einem doch das Herz auf, ein Glück, nach dem man nur greifen muss. Zwischen Grüner und Afföller Wehr kann man paddeln, rudern oder Tretboot fahren, sogar Standup- und Wildwasserpaddler sieht man gelegentlich. Auch der ehemalige Fischkutter *Elisabeth II* tourt auf der Drei-Kilometer-Strecke. Das Ufer schräg unter der Weidenhäuser Brücke ist ein vielfrequentierter Sommerstrand. Zum Sport- und Freizeitbad *Aquamar* (Sommerbadstraße 41) gelangt man über den Trojedamm mit dem Rad in drei, zu Fuß in acht bis zehn Minuten.

TIPP

Im Café am Grün neben der Buchhandlung Roter Stern sitzt man drinnen und draußen an der Lahn (Am Grün 28).

● Trojedamm und Grüner Wehr mit Ufercafé und Bootsverleih Gischler,
Auf dem Wehr 1 a, 35037 Marburg
● ÖPNV: Bus 3, Haltestelle Schulstraße

Geliebt und bewundert

51

Die fünf Tugenden am Schwarzen Wasser

Oft chillen Studierende des benachbarten Fachbereichs Geographie auf Bänken und Mäuerchen zu ihren Füßen. Mittwochs und samstags geht es weiter vorne auf dem Firmaneiplatz trubelig zu, wenn die Marktbeschicker frühmorgens ihre Stände aufbauen und bis mittags frische Landprodukte anpreisen. Gelassen und im Bewusstsein ihrer Würde bewacht die Skulpturengruppe der überlebensgroßen *Fünf Tugenden* das Treiben. Die Damen haben zwar im Verlauf der verflossenen 300 Jahre einige Blessuren abbekommen, erweisen sich aber trotz teils amputierter Glieder als unverwüstliche Mahnerinnen – und das, obwohl die griechischen Kardinaltugenden Gerechtigkeit und Mäßigkeit eine doppelte Aufgabe erfüllen, nämlich ihre Schwestern Weisheit und Tapferkeit mit zu vertreten. Auf diese beiden hatte der Auftraggeber, Kardinal Damian Hugo von Schönborn, Landkomtur des Deutschen Ordens, zugunsten der drei theologischen Tugenden Glaube (Foto), Liebe, Hoffnung verzichtet. Schönborn hatte 1718 den Marburger Bildhauer Johann Friedrich Sommer beauftragt, ihm fünf weibliche Figuren anzufertigen. Er hatte sehr genaue Vorstellungen, welche Körperhaltung die Tugenden einnehmen sollten, wie sie zu drapieren, mit welchen Attributen zu versehen seien. Kupferstiche des Niederländers Hendrik Goltzius dienten als künstlerische Entwurfsvorlagen.

Bis 1754 zierten die wertvollen Skulpturen Schönborns Barockgarten, den heutigen Alten Botanischen Garten am Pilgrimstein. Später wechselten sie mehrfach die Besitzer, bis sie als Mitgift in der Familie von Knoblauch zu Hatzbach zu neuen Ehren kamen. 2011 gaben deren Nachkommen die Originale als Dauerleihgabe zurück nach Marburg, wo sie unter hoher emotionaler Anteilnahme der Bevölkerung restauriert wurden und einen repräsentativen Standort am *Schwarzen Wasser* fanden. Dieser Lahnnebenarm bildet den nördlichen Rand des nach massiver Umgestaltung der City geschaffenen *Campus Firmanei* der Universität. Hatzbach bei Stadtallendorf bekam zum Ausgleich Abgüsse.

TIPP

Gemütlich frühstücken im Elisabeth-Café um die Ecke. Abends Restaurant (www.elisabeth-cafe.de).

● Fünf Tugenden, Firmaneiplatz, 35037 Marburg
● ÖPNV: Diverse Busse, Haltestelle Elisabethkirche

Cityplanschen in Kaskaden

52 Abstecher in die Ketzerbach

Schräg gegenüber vom Rosenportal der Elisabethkirche führt neben dem markanten Haus *Lokomotive* zwischen engen Hinterhöfen die leicht vergammelte Karmelitergasse bergauf. Sie mündet in einen flachen Weg – und eine visuelle Überraschung. Von hier rücken nicht nur die Türme der Elisabethkirche in fast schockierende Nähe, sondern man blickt auch in die abgeschirmten Gärten der schmalen Ketzerbachhäuser. Wer in diesen Gebäuden lebt, trainiert täglich seine Kondition: Wegen der extremen Hanglage befinden sich die Wohnzimmer mit Gartenzugang oft im obersten Stockwerk, während im Erdgeschoss Gewerberäume an Boutiquen, Friseure, Bäckereien, Bistros, Cafés, Kosmetikstudios, Lebensmittelläden, Weinlager, Versicherungen und andere Geschäfte vermietet sind. *Die* Ketzerbach und *die* Marbach – das ist

TIPP

Stöbern, schmökern, entspannen kann man in der Stadtbücherei mit 11.000 Medien (Ketzerbach 1).

ein und dasselbe Bachbett, das zwei Straßen miteinander verbindet, deren Bebauung trotz der engen Nachbarschaft sehr unterschiedlich ist. Der ursprünglich handwerklich geprägte Vorort des Deutschordens mündet nämlich in den großbürgerlich bewohnten Marbacher Weg mit Gründerzeit- und Jugendstilvillen. Die Ketzerbächer sind ein eigenes Völkchen, das alle fünf Jahre ein großes *Bachfest* feiert und immer im Juli ein sehr populäres „normales" *Ketzerbachfest*.

Im oberhessischen Sprachgebrauch heißt es „die Bach", so entwickelten sich aus Ketzerbach und Marbach Quartiersbenennungen, man sagt „ich gehe in die Ketzerbach einkaufen" oder „in die Marbach zu Onkel Hermann". Der Ursprung des Namens Ketzerbach hat vielleicht mit den Umtrieben des verrufenen Ketzerverfolgers Konrad von Marburg zu tun, der im 13. Jahrhundert am Bach über Beschuldigte Gericht gehalten haben soll. 1823 wurden Ketzerbach und Marbach teilbegradigt und 1859 zur Verhinderung von Überschwemmungen überwölbt. In der Mitte der Straße entstand zunächst eine Promenade. Heute begrünen Eschen die Gehwege, die Platanen sind verschwunden, nun schmückt ein stählernes „Wasserband" die Straßenmitte, in dessen Kaskaden sich im Sommer nicht nur Kinder abkühlen.

....

● Die Ketzerbach, zwischen Elisabethkirche und Marbacher Weg, 35037 Marburg
www.ketzerbachgesellschaft.com
● ÖPNV: Bus 5, 14, Haltestelle Wilhelm-Roser-Straße

Von der Kunst des Sehens

53 Marburger Kinoszene und Kameramuseum

Cineasten, aufgepasst! Wer ein Faible für laufende Bilder hat, ob Filmklassiker, Bestseller oder Preview, Streifen in Originalsprachen mit Untertiteln, im Open-Air oder Programm-Kino, im Massensaal oder Wohnzimmerambiente, findet im Städtchen an der Lahn sein Glück. Durchschnittlich fünf- bis sechsmal im Jahr besuchen Marburger eine Kinovorstellung. Mit diesem Pro-Kopf-Ergebnis liegt die Universitätsstadt gemeinsam mit Tübingen und Göttingen deutschlandweit vorne, der statistische Durchschnitt verzeichnet vier Kinobesuche pro Kopf. Das Marburger Filmkunstprogramm läuft in den vier Sälen des Capitol – wo übrigens 1930 der erste Tonfilm abgespult wurde: „Der blaue Engel" mit Marlene Dietrich. Blockbuster und Mainstream-Filme findet man gegenüber in den sieben mit 3D und Atmos-Tonanlage technisch hochmodernen Sälen des Cineplex. In das Sommernachts-Open-Air-Kino im Schlosspark strömen die Filmfans von Juli bis September; auf einer 200 Quadratmeter großen Bildwand flimmern dort Erfolgsstreifen und zur Freude der Kubrick-Fans immer wieder der Science-Fiction *2001: Odyssee im Weltraum*. Die Kunst des Sehens zeichnet alljährlich der internationale Marburger Kamerapreis mit ausführlichem Eventprogramm fürs Kinopublikum aus. Last not least bietet das Congresszentrum Marburg im *Sunset*-Kinosaal 400 Gästen ein Lichtspieltheater.

Auf all diese Angebote der „heimlichen Kinohauptstadt" setzte der emeritierte Medienwissenschaftler und Filmemacher Professor Dr. Günter Giesenfeld noch ein Sahnehäubchen. In einem Ladenlokal der Straße Am Grün gründete er ein (nur sonntags geöffnetes) Film-Kameramuseum, in dem er 250 Exponate aus seiner doppelt so großen Sammlung ausstellt, deren Geschichte(n) er kennt und erzählt. Das älteste Museumsstück ist eine quasi fabrikneue Ernemann-Kamera von 1908. Ab 17 Uhr zeigt der Professor in seinem „Stehkino" frühe Stummfilme und alte Dokumentar-, Zeichentrick- und Werbefilme. Es gibt auch ein paar Stühle für Zuschauer. Eintritt frei!

TIPP
Das kultige Cocktail-Bar-Restaurant Havana serviert kubanische Küche (Am Grün 58).

● Kameramuseum Marburg, Am Grün 44, 35037 Marburg
www.giesenfeld.de
● ÖPNV: Diverse Busse, Haltestelle Rudolphsplatz

Über den Dächern

54 Natur und Kultur im Schlosspark

Ein tiefes, sattes Brummen, begleitet von den durchdringenden Tönen der Melodiepfeifen eines Dudelsacks weist uns schon von weitem die Richtung. Vor uns stapfen zwei durchaus beleibte Mönche in braunen Kutten die Landgraf-Ludwig-Straße hoch, einer mit Tonsurperücke. Es folgen bekränzte Prinzessinnen in langen, schimmernden Kleidern, ein schmucker Knappe, ein Robin Hood, ein Wikinger mit behorntem Helm, ein fescher Pirat und eine Frauengruppe in weiten, teils schleifenden Röcken, Wollwesten und Tüchern – vielleicht Mägde oder Marketenderinnen? Kostümierung mit mehr oder weniger authentischen Gewändern gilt auf Mittelaltermärkten als erwünscht. Mit Kunsthandwerkern, Barden, Schankwirten, einer Feuershow und Verkaufsständen „mittelalterlicher" Lederwaren, orientalischer Kleidung, Messern, Schwertern, handgesiedeten Seifen, Wolle, Fellen und Rüstungen folgen solche Events eigenen Vergnügungsregeln.

TIPP

Die historische Gerling-Sternwarte (Renthof 6) öffnet gelegentlich (www.parallaxe-sternzeit.de).

Allerhand Festivitäten beleben den Schlosspark, von sommerlichen Freiluftkonzerten, Open-Air-Kino bis zu Theateraufführungen des Hessischen Landestheaters Marburg auf der Parkbühne, nicht zu vergessen das legendäre Stadtfest *3TM* (3 Tage Marburg) am zweiten Juliwochenende, an dem die ganze Stadt sich in einen einzigen Jahrmarkt verwandelt. Der am höchsten Punkt über der Oberstadt gelegene Park ist ein beliebter Volksgarten im Schatten alter Bäume, mit weiten Rasenflächen, Boulebahn und idyllischen Ruheinseln, eine optimale Ergänzung der beiden Botanischen Gärten. Er entstand um 1780 nach Abbruch der meisten Festungsanlagen, diente lange als Nutzgarten. Der Pulverturm auf der Kuppe des Geländes, ein quadratischer, zweistöckiger Bau von 1626, ist außer einigen freigelegten Kasematten und Mauerresten das einzige Überbleibsel des einstigen Festungsareals von Bastionen, Schanzen und Ravelins (Wallschilde). Der Mathematiker und Astronom Professor Christian Gerling ließ ihn in einen Meteorologischen Turm umrüsten, bis heute gehört er zum Fachbereich Physik der Universität.

● Schlosspark, Eingänge Gisonenweg, Bunter Kitzel, Hainweg, 35037 Marburg
● ÖPNV: Bus 10, Haltestelle Schloss

Villen-Watching

55 Von der Ketzerbach in die Marbach

Durch die enorme Dynamik, welche die Universität und besonders die Pharmaforschungen von Emil von Behring um 1900 erlebten, wurde das Handwerkerquartier Ketzerbach aufgewertet und rückte dem benachbarten Dorf Marbach auf die Pelle. Heute gelangt man übergangslos von der Ketzerbach in die Marbach, die genau da beginnt, wo die Shopping- und Gastrozone endet. Schräg gegenüber vom alten Handwerksbetrieb Ziepprecht Raumausstattung posiert die höchst erstaunliche Alte Anatomie (heute Institut für Pharmazeutische Chemie) auf einem hohen Sockel mit Freitreppe und Rundbogenfenstern. Sie erinnert eher an einen italienischen Renaissance-Palazzo als an einen funktionalen Bau, in dem Leichen seziert werden. Die Neugier treibt uns weiter in den Marbacher Weg, einzige ruckelige Durchgangsstraße aus der Innenstadt zu den Behringwerken, die trotz ihrer Beengtheit in beide Richtungen befahrbar ist und noch dazu über zwei Trottoirs verfügt. In dieser baulich komplizierten Lage an zwei steilen Hängen sind rechtsseitig allein schon die Stützmauern aus Rotsandstein als Kulturdenkmäler ausgewiesen, erst recht die vielen eindrucksvollen Gründerzeit-Villen. Das Wohnhaus Nr. 16 und das Studentenwohnheim Nr. 22 stammen von dem renommierten Architekten Carl Schäfer, ein anerkanntes „Genie", dem Marburg in Fachkreisen den Zusatz „Schäferstadt" verdankt, weil er in den 1870er Jahren die Alte Universität und 14 weitere Gebäude entwarf. Zum Staunen bringt uns das Doppelhaus Nr. 18/20, eine eigenwillig malerische Jugendstilvilla mit zahlreichen dekorativen Bauelementen, zum Beispiel einer polygonalen Gaube unter einem verschieferten Glockendach und einem hohen Pyramidenhelm. Das alte Fachwerkhaus mit der Nummer 26a beherbergt die erste und lange einzige Moschee in Marburg. Auf dem Rückweg werfen wir kurz einen Blick in die Wilhelm-Roser-Straße: In der repräsentativen Villa links (Nr. 2), heute Dekanat des Fachbereichs Pharmazie, lebte Emil von Behring mit seiner Frau Else Spinola und den sechs Söhnen.

TIPP

Die Gasse mit dem lustigen Namen Zwischenhausen ist eine Abkürzung von der Ketzerbach zum Steinweg.

....

● Marbacher Weg zwischen Ketzerbach und Emil-von-Behring-Straße, 35037 Marburg
● ÖPNV: Bus 5,14, Haltestelle Wilhelm-Roser-Straße

Ach, du dicke Ente!

56 In Dagobertshausen und Dilschhausen

Mit einem Umfang von fast 15 Metern stand bis vor gut einem Jahrhundert in Dagobertshausen die dickste Eiche der Welt, ihr Alter wurde auf 800 bis 1.000 Jahre geschätzt. Der hohle Baum war so geräumig, dass er als Ziegen- und Hundestall, zuletzt als Schweinestall diente und in der oberen „Etage" einen Heuboden hatte. An Attraktionen fehlt es auch heute nicht in *Dago*, dessen Name auf den fränkischen Merowingerkönig Dagobert I. (7. Jahrhundert) zurückgehen soll. Das paradiesisch inmitten der Natur gelegene Bauerndorf entwickelt sich zu einer breit aufgestellten Event-Location mit mehreren Freizeitbetrieben, sodass schon mancher Witzbold meinte, Onkel Dagobert sei mit seinem dicken Geldsack heimgekehrt. Das *Hofgut Dagobertshausen* vereint das schicke Restaurant *Waldschlösschen*, ein Gäste-

TIPP

Gisselberg: Bootshaus (www.marburgerruderverein.de), Hotel Fasanerie und Gasthof Grebe.

tehaus, einen Hofladen, eine Reitsportanlage, die große *Eventscheune*, die kleinere *Kulturscheune*, eine hofeigene Brauerei sowie eine Destille und mauserte sich zum nicht mehr geheimen Geheimtipp für Hochzeiten. Es gibt jahreszeitlich definierte Themenmärkte von Frühling über Erdbeeren bis Weihnachten, Konzerte und viele Festivitäten, die nicht selten Tausende Menschen aufs Land locken.

Erholung suchen und chillen würde Onkel Dagobert heutzutage eher in Dilschhausen, dem mit 170 Einwohnern kleinsten der 18 dörflichen Stadtteile von Marburg. Abgesehen von Gästen der Vereinsfeste und von einigen bescheidenen Pilgern auf dem Elisabethpfad oder Jakobspfad, die mit Schlafsack und Isomatte im Bürgerhaus rasten und übernachten dürfen, bleibt es ruhig. Die Turmwände der spätromanischen, aus sichtbarem Bruchsteinmauerwerk gebauten Chorraumkirche sind 1,25 Meter dick. Der Turm verfügte ursprünglich über einen erhöhten Außeneingang, nur mit Hilfe einer Leiter zu erreichen, die man notfalls einziehen konnte, um sich vor Verfolgern zu schützen. Dieses architektonische Detail offenbart die Funktion der Kirche als möglicher Zufluchtsstätte in einem Asylrefugium.

● Hofgut Dagobertshausen, Im Dorfe 14, 35041 Marburg-Dagobertshausen
www.hofgut-dagobertshausen.com
● Evangelische Kirche Dilschhausen, Calderner Straße
● ÖPNV: Bus 16, Haltestelle Dagobertshausen und Dilschhausen

Licht und Bäume

57 Die grüne Insel Friedrichsplatz

Einige Kinder toben auf der Wiese herum, andere umkreisen mit Rollern und Rädern das große Rund des Brunnenbeckens, aus dem ein Wasserstrahl hochschießt. Eltern beobachten ihre Sprösslinge von Bänken und Picknickdecken aus, halten Trinkflaschen und Kekse parat und erfreuen sich selbst an der friedlichen Stimmung dieses Frühsommertages. Das Fünfeck des Friedrichsplatzes, eine idyllische Kleinparkanlage, ist eine heile Welt, eine grüne Insel im Zentrum des ohnehin intensiv begrünten Südviertels, das dem *Arboretum* in den botanischen Gärten Konkurrenz machen könnte. Allein hier stehen elf der 51 im Stadtgebiet verteilten Baumgattungen, jeder Straßenzug hat seine eigene Baumart und Blühfarbe, von Rotahorn bis Zierkirsche und Kastanie.

TIPP

Im Hessischen Staatsarchiv finden auch Ausstellungen zu historisch aktuellen Themen statt.

Der Kontrast des Südviertels zum mittelalterlich engen Fachwerkambiente der Oberstadt könnte nicht eklatanter sein: lichtdurchflutete Altbauwohnungen in prächtigen Villen und repräsentativen Mietshäusern der Gründerzeit, Geschäftsadressen und großzügige Wohnungen in Ex-Funktionsgebäuden der Jägerkaserne. Bis zur Annexion von Kurhessen im Jahr 1866 und Eingliederung in die preußische Provinz Hessen-Nassau endete die Stadtgrenze am Philosophengässchen, der heutigen Universitätsstraße, und am Kämpfrasen, der seinen Namen behielt. Auf diesem einstigen Exerzierplatz des Kurhessischen Jägerbataillons Nr. 11, wo Viehmärkte, Schützenturniere und Volksfeste und am 10. Mai 1933 eine nationalsozialistische Bücherverbrennung stattfanden, spielen jetzt Kinder, die in den umliegenden Häusern wohnen. Vom Kämpfrasen gelangt man in wenigen Minuten zum Herz des Südviertels, dem Friedrichsplatz mit seiner idyllischen Parkanlage. Dessen größtes Gebäude, ein schlichter Bau der 1930er Jahre mit einem säulengetragenen Altan über dem Eingang, beherbergt das Hessische Staatsarchiv – das regionalhistorische Gedächtnis von Nord- und Mittelhessen. Die Kaffeehauskultur im Südviertel halten das Café *Frau Friedrich* und die Traditionskonditorei *Klingelhöfer* aufrecht.

- Friedrichsplatz, 35037 Marburg, mit Hessischem Staatsarchiv
www.landesarchiv.hessen.de
- Frau Friedrich (Liebigstraße 50, www.cafe-friedrich.de) und Klingelhöfer
(Haspelstraße 21, www.konditorei-klingelhoefer.de)
- ÖPNV: Bus 3, Haltestelle Friedrichstraße

Von Antike bis Anatomie

58 Die sagenhafte Vielfalt der Museumsszene

Es ist ein ganz besonderer Glücksfall für alle Wissbegierigen unter uns, dass die Philipps-Universität deutschlandweit zur Spitzengruppe der universitären Sammlungsstandorte zählt. Die Marburger Museumslandschaft ist absolut bemerkenswert! Es beginnt damit, dass aus den Fachbereichen fünf „richtige" Museen mit wertvollen Objekten hervorgingen: das Museum für Kunst und Kulturgeschichte im Schloss, das Kunstmuseum, die Religionskundliche Sammlung, die Mineralogische Sammlung und das medizinhistorische Museum Anatomicum. Zu anderen Forschungsthemen gibt es Schauräume wie zum Beispiel die Ethnographische Sammlung und die Emil-von-Behring-Ausstellung im Chemikum. Insgesamt besitzt die Universität einen Schatz von mehr als 30 wissenschaftlichen Sammlungen, die gelegentlich mit Sonderausstellungen an die Öffentlichkeit gehen und die hin und wieder oder nach Voranmeldung offen sind – beispielsweise die Antiken-, die Abguss- und die Münzsammlung der Archäologen, das Forschungszentrum Deutscher Sprachatlas, das Herbarium Marburgense, die Mathematische Modellsammlung und das Mitmachmuseum Chemikum mit Experimentalvorlesungen. Auf Nimmerwiedersehen verschwanden leider zwölf historische Kollektionen, „Verbleib unbekannt". Darunter befanden sich eine Sammlung des Geographischen Instituts und Präparate der Gerichtsmedizin. Als wäre das noch nicht genug im Markt der Möglichkeiten, hat Marburg außer Forschung weitere Themen im Angebot: das Kameramuseum, das Haus der Romantik, die Brüder-Grimm-Stube, das Deutsche Polizei-Oldtimer-Museum, den Marburger Kunstverein, das Hessische Staatsarchiv und die Finanzausstellung Erlebniswelt Deutsche Vermögensberatung AG. Dabei ließ die Stadtregierung, man darf es nicht verschweigen, zwei bedeutende und publikumsfröhliche Sammlungen davonziehen: das Deutsche Spielearchiv verschwand nach Nürnberg, und der Bestand des wunderschönen Kindheitsmuseums wanderte größtenteils nach London ab. Pech im Glück.

TIPP

Die Bronzeskulptur „Knabe mit Vogel" von Werner Gürtner (Foto) befindet sich im Neuen Botanischen Garten.

● Verzeichnis der Museen und Sammlungen: www.uni-marburg.de/sammlungen, www.marburg-tourismus.de/museen-und-ausstellungen
● ÖPNV: Stadtbuslinien unter www.stadtwerke-marburg.de

Regenwald und Wüste

59 Gewächshäuser im Neuen Botanischen Garten

Der für Naturfreunde und Biologiefans paradiesische Neue Botanische Garten auf den Lahnbergen ist einer der größten und sehenswertesten in Deutschland, in dem man ganzjährig erholsame Spaziergänge unternehmen und sich angesichts einer überbordenden Pflanzenvielfalt und systematischen Anordnung weiterbilden kann. Zu den Besonderheiten der wissenschaftlich betreuten Schatzkammer der Natur gehören die Artenschutzprogramme. Im Freiland werden bedrohte heimische Pflanzen kultiviert, um sie später auszuwildern. Und 23 Aufzuchthäuser aus Glas sind mit einer Fläche von 2.000 Quadratmetern allein dem Artenschutz gewidmet, darin wachsen seltene und gefährdete Arten, deren genetisches Potenzial internationalen Gendatenbanken zur Verfügung steht. 5.000 Quadratmeter Glasflächen schützen die insgesamt 31 Gewächshäuser des Botanischen Gartens, darunter acht Schaugewächshäuser, in denen man für kurze Zeit in ferne Ziele,

TIPP

Landgräfin Floria von Hessen (Kassel) beschirmt die Spendenkampagne zur Sanierung der Gewächshäuser.

tropische und subtropische Welten, in Wüsten und Regenwälder vordringen kann. Das Kanarenhaus und das angrenzende Lorbeerhaus rufen uns die duftende Flora der immergrünen Inseln Gran Canaria und La Gomera ins Gedächtnis. Kakteen und andere an extreme Trockenheit gewöhnte Sukkulenten, die in ihren Organen lange Zeit Wasser speichern können, entführen uns nach Südamerika. Im Wasserhaus mit Tropenfischen entdecken wir nicht nur Mangroven, sondern begegnen *Victoria amazonica*, eine der im wörtlichen Sinne größten Attraktionen der Gewächshäuser. Denn die Blätter der Riesenseerose aus dem Küstenregenwald, die sich anhand von Luftkissen über Wasser halten, können in der freien Natur einen Durchmesser von bis zu drei Metern und ein Gewicht von 25 Kilo erreichen, wobei ein Blatt eine Tragkraft von bis zu 50 Kilo haben kann. Für diesmal verzichten wir darauf, es auszuprobieren (es wäre ohnehin verboten) und flanieren zum glücklichen Ende durch das helle Schmetterlingshaus, ein luftiges Glasgebäude, in dem exotische bunte Tagfalter ihrem flirrenden Geschäft nachgehen.

● Neuer Botanischer Garten, Karl-von-Frisch-Straße, 35043 Marburg
www.uni-marburg.de/de/botgart/neuer-garten, www.ich-blüh-für-dich.de
● ÖPNV: Bus 2, 7, 9, 11, Haltestelle Botanischer Garten

Mönche raus, Professoren rein

60 In der Aula der Alten Universität

Die Decken, Wandmalereien und das geschnitzte Professorengestühl in der Aula der „Alten" Universität sind wahre Glücksträger der Historienmalerei. Die Aula ist Teil des mächtigen Nachfolgegebäudes des Dominikanerkonvents, 1872 von dem „genialen" Architekten Carl Schäfer im neogotischen Stil entworfen und heute Sitz des Fachbereichs Evangelische Theologie. Unübersehbar überragt es den Rudolphsplatz wie ein gewaltiges, düsteres Luftschiff. Bloß die (heutige) Universitätskirche blieb im Original von den zu weltlichen Bildungsstätten umfunktionierten Klosterbauten übrig. Mit elf Professoren und 88 Studenten startete im Jahr 1527 der Betrieb der weltältesten protestantischen Universität. Ihr Gründer Landgraf Philipp, genannt *der Großmütige*, stellte der akademischen Lehre die frei gewordenen Räume des Dominikanerklosters zur Verfügung. Nachdem er in Hessen den lutherischen Glauben verbindlich eingeführt hatte, beschlagnahmte Philipp die katholischen Klöster, vertrieb die Dominikaner und die Barfüßer (Franziskaner) aus der Stadt. Wie die gedemütigten Dominikaner gebeugt und schleppenden Ganges ihr Kloster verlassen, das dokumentiert anrührend eines der sieben monumentalen Gemälde an den Wänden der Aula, die man leider nur bei Veranstaltungen und im Rahmen von Führungen betreten darf, sich aber nicht entgehen lassen sollte.

Die überdimensionalen Gemälde des Düsseldorfer Kunstprofessors Peter Jansen (von 1903) zeigen Szenen aus der Marburger Geschichte, zum Beispiel das Bild „Die Heilige Elisabeth und ihr geistlicher Zuchtmeister Konrad von Marburg". Die erste Fassung verletzte die Gefühle der Senatskommission, denn sie zeigt höchst realistisch den für seine Brutalität verrufenen Konrad, der sich einen Geißelstrick vom Gürtel reißt, um die den Boden aufwischende Elisabeth zu schlagen. So drastisch hatten es sich die Auftraggeber nicht vorgestellt – Kunst hin oder her, der Strick musste weg, aber die Wutgeste blieb, nun allerdings für die Betrachter und Betrachterinnen unverständlich.

TIPP

Einsame Spitze am Bierhimmel: die brauereifreie Kneipe Quodlibet (Am Grün 37, www.quodlibet.de).

....

● Aula der Alten Universität, Lahntor 3, 35037 Marburg
www.uni-marburg.de
● ÖPNV: Bus 16, Haltestelle Alte Universität

Dienstmann und Frosch

61 Trubel an der Wasserscheide

Am obersten Punkt der kopfsteingepflasterten Fußgängerzone, einer Gabelung von Wettergasse, Neustadt und Renthof, herrscht häufig so viel Trubel wie rund um den Marktbrunnen. Auf den Stufen bei der Christian-Skulptur aalen sich Leute in der Sonne, ebenso auf der kleinen Terrasse der Eisdiele. Aus einem tiefen Gang zwischen zwei Läden treten Menschen, die mit den beiden Parkhausaufzügen in die Oberstadt gelangt sind. Manch ein Passant bleibt stehen, betrachtet und fotografiert den dicken Frosch, der, ein Buch umklammernd, auf dem Dach der Brunnenanlage hockt – eine der Märchenfiguren des Grimm-Dich-Pfades. Wenn Bedienstete des Schlosses in den 1200er Jahren in die Siedlung hinabstiegen, betraten sie diese durch die Hiltwinspforte an der Wasserscheide, eine Nebentür in der östlichen Stadtmauer, deren Reste noch oberhalb des Brunnens zum Schloss hinaufführen. An der „Wasserscheide" wurden bis 1898 Regenwasser und Schmutzwasser oberirdisch in verschiedene Kanäle geleitet, daher der Name. Und in einem Reservoir hinter der Wand des Trinkwasserbrunnens sammelte sich Wasser aus einer entfernten Quelle.

Über all den Trubel wacht unverdrossen der in Bronze gegossene Berufsfußgänger „Christian, Dienstmann Nr. 4", ein Kofferträger und Bote der 1950er–1960er Jahre, der als Original in Erinnerung blieb. Seine schlagfertigen Sprüche, sein Dauerstumpen im Mund, seine Alkoholfahne sind legendär. Christian Werner stammte aus dem Dörfchen Hommershausen im Oberen Lahntal. Die lebensgroße Skulptur schuf der Bildhauer Paul Wedepohl 1988 im Auftrag seines Freundes Hermann Reidt, Gründer des Lessing-Kollegs für Sprachen und Kultur, der Marburg damit ein liebenswertes Denkmal hinterließ. Früher scherzte der Christian mit seinen Kunden, heute treiben junge Leute manchmal ihren Schabernack mit seinem Abbild, „verschönern" ihn farblich oder stecken ihm Blumen in den Arm.

TIPP

Café Großartig mit Crossover-Küche (www.das-ist-grossartig.de), nebenan Theaterkasse (www.hltm.de).

....

● Wasserscheide, Gabelung Wettergasse/Neustadt/Renthof, 35037 Marburg
● Eis-Café Venezia Cais, Wettergasse 43, www.cais-marburg.de
● ÖPNV: Bus 9,10, Haltestelle Parkhaus Oberstadt, weiter mit dem Aufzug

Betörender Duft, edle Pracht

62 Der Rosengarten im Schlosspark

Rosen, Rosen, Rosen. Ein süß-würziger Duft überzieht das Gelände zwischen der Freilichtbühne im Schlosspark und dem durch den Halsgraben geschützten Areal des Landgrafenschlosses. Spaziergänger flanieren zwischen den Rabatten, lesen auf Ruhebänken oder gruppieren sich rund um den Sprudelbrunnen, essen ein Pausenbrot, halten ein Nickerchen oder lassen einfach die Herrlichkeit der Umgebung auf sich wirken. Mitte Juni bis Mitte Juli und zur Zweitblüte Ende August, Anfang September zeigt sich der Rosengarten im Schlosspark in seiner schönsten Pracht. Hier blühen rund 7.000 Rosen in 60 Varietäten. In strenger Anordnung gedeihen Beet- und Edelrosen, deren vielseitige Bezeichnungen von *Helga* bis *Papagena,* von *Sweet-Pretty* bis *Rhapsody in blue* uns in eine erwartungsfrohe Stimmung versetzen. In einer gesonderten Parzelle bezieht sich die Auswahl und Struktur der Anpflanzungen auf die Entwicklungsgeschichte der kultivierten Rose, von der *Rosa gallica* (Essigrose) über die Damaszenerrose bis zur häufig nachblühenden großblumigen Romantikrose. Freundschaften würdigen die Rosengärtner beispielsweise mit der *Rosa orientalis*, um die Verbundenheit Marburgs mit der tunesischen Partnerstadt Sfax auszudrücken. Natürlich gibt es auch eine Sorte *Elisabeth von Thüringen,* die auf die Legende vom Rosenwunder anspielt, die viele gern in Marburg platziert wüssten. Leider hat diese Verwandlung einer Ausrede (sie habe Rosen und nicht etwa Brot für die Armen in ihrem Korb) in ein Wunder noch nicht mal auf der Wartburg stattgefunden und schon gar nicht auf einem Weg vom Landgrafenschloss in die Siedlung am Hang. Es handelt sich um eine „Wanderlegende" von unbekannter Herkunft. Im Mittelalter wurden auf der „Rennbahn" des jetzigen Rosengartengeländes Turniere abgehalten. Das in die drei Meter hohe Mauer zur benachbarten Schlossparkbühne eingelassene *Judizierhäuschen* von 1627 diente als Tribüne und als Ausguck für den Schiedsrichter. Das Bistro Schlossparkcafé betreiben JUKO-Jugendliche.

TIPP

Das Tympanon des Westportals der Elisabethkirche ist bildlich mit Rosen und Weinlaub überwuchert.

● Rosengarten und JUKO-Bistro Schlossparkcafé im Schlosspark, Gisonenweg, 35037 Marburg, www.juko-marburg.de
● Rosenfreunde Marburg, www.rosenfreunde-marburg.de
● ÖPNV: Bus 10, Haltestelle Carl-Duisberg-Haus

Das Glück der Erde

63 In und um Hermershausen und Haddamshausen

Radelt man vom Stadtwald in südwestlicher Richtung, streift man das Naturschutzgebiet *Kleine Lummersbach*, bis in die 1990er Jahre Truppenübungsplatz der Tannenbergkaserne (heute Stadtwald-Viertel). Das 138 Hektar große Gebiet durchzieht ein Wegenetz, es eignet sich prima für einen botanischen Spaziergang. Man kommt durch alte Eichenwälder, ein Jagdgebiet von Bechsteinfledermäusen. Schafe beweiden Magerwiesen, auf denen typische Pflanzen wie Echtes Labkraut, Kleine Bibernelle, Knolliger Hahnenfuß wachsen, gelegentlich auch Heidenelken und Frühlings-Fingerkraut. In feuchten Bereichen sind Mädesüß, Wald-Engelwurz, Sumpf-Kratzdisteln zu Hause. Es gibt Wasserstellen und Tümpel, Lebensräume für Molche, Erdkröten, Gras- und Grünfrösche, und Biologen registrierten 30 Tagfalterarten. Greifvögel wie Rotmilan, Mäusebussard, Turm- und Baumfalke brüten in dem Gebiet, ebenso Bekassine und Neuntöter.

TIPP

Der Oberhessische Gebirgsverein organisiert Tagestouren (www.wanderverein-ohgv-marburg.de).

Die beiden südwestlichen „Vorgärten" Marburgs, Hermershausen im Tal des Lahn-Nebenflüsschens Allna und das Straßendorf Haddamshausen am Allna-Knie, haben sich mit Fachwerkhäusern und Bauernhöfen ihre ländliche Struktur erhalten; sie gehören zu den kleineren der 15 Außenstadtteile. Hermershausen ist genau wie Michelbach deutlich älter als die Kernstadt Marburg, erstmals im Jahr 850 urkundlich erwähnt. Heute werden keine Rinder mehr durchs Dorf getrieben, stattdessen prägen zwei große Reiterhöfe und Pferde das Ortsbild und die umliegenden Weiden. Wer gern wandert, findet im Tal der Allna allerhand historische Wirtschaftswege, zum Beispiel den *Gladenbacher Weg* oder den *Marktweg*, die beide von Marburg aus über den Hasenkopf und Cyriaxweimar nach Haddamshausen führen. Frühere Generationen pilgerten sonntags im Festgewand auf dem Kirchweg nach Oberweimar zum Gottesdienst. Haddamshausen bekam erst spät eine eigene evangelische Kirche. Der 1953 geweihte kleine Fachwerksaal mit einem offenen Glockenstuhl liegt an einem Hang mit der schönen Adresse *Auf der Seite*.

● Hermershausen und Haddamshausen mit Naturschutzgebiet Kleine Lummersbach und Reitmöglichkeiten
www.reitsporthof-hermershausen.de, www.voltiverein.de
● ÖPNV: Bus 17, Haltestelle Haddamshausen und Hermershausen

Kunst by Call fürs Lichtherz

Der Kaiser-Wilhelm-Turm an der Spiegelslust

Spätestens seit der Installation des Lichtkunstherzens am romantischsten Glücksort von Marburg verblasste die ursprüngliche Gedenkfunktion des Spiegelslustturmes völlig. Die Künstlerin Helmi Ohlhagen schuf die überdimensionale Neonskulptur am Modell eines gotischen Ornamentes im Portal der Elisabethkirche. Ihr Name ist Programm: *Siebensiebenzwölfnullsieben,* das Geburtsdatum der heiligen Elisabeth am 7.7.1207. Ruft man die Festnetznummer 06421/590469 an, leuchtet das Herz für zehn Minuten – genug Zeit für Liebesgeständnisse jeglicher Art! Eigentlich wurde der 36 Meter hohe Spiegelslustturm am höchsten Punkt der Lahnberge zu Ehren Kaiser Wilhelm I. errichtet. *Spiegelslust* hieß der beliebte Aussichtspunkt allerdings lange vorher. Werner Freiherr Spiegel zum Desenberg stammte aus einem alten ostwestfälischen Adelsgeschlecht, er studierte in den 1820er Jahren in Marburg Kameralistik (Buchführung) und Forstwissenschaft. Ihm gefielen die herrliche Lage und die Weitsicht von der *Köhlersruh,* und da er gerade ein beachtliches Vermögen geerbt hatte, ließ er dort einen Musikpavillon, eine Grotte und einen Getränkekeller bauen. Nun entdeckten immer mehr Ausflügler das lauschige Plätzchen im Wald. Nach Ende des Deutsch-Französischen Krieges 1870/71 wollten Marburger Bürger ihre Siegesfreude ausdrücken. Was lag näher, als für die in Stein gehauenen politischen Empfindungen, in die sich auch Trauer über die gefallenen Söhne mischte, den von weitem sichtbaren Standort zu wählen? Damit das Projekt geordnet ablief, gründeten sie 1872 einen Turmbauverein und beauftragten den renommierten Architekten Carl Schäfer. Leider stürzte der schon auf 29 Meter hochgezogene Rohbau in einer stürmischen Märznacht des Jahres 1876 ein. Danach ging Universitätsarchitekt Manfred Wentzel ans Werk. Am Sedanstag 1890 – damals ein nationaler Feiertag – wurde der *Kaiser-Wilhelm-Turm* eingeweiht. Im Volksmund blieb die Bezeichnung *Spiegelslust* erhalten, nun mit dem Zusatz *turm.*

TIPP

Fantastische Aussicht von der Plattform (167 Stufen), feine Torten und Kultur im Turmcafé.

● Spiegelslustturm und Turmcafé, Hermann-Bauer-Weg 2, 35043 Marburg
www.spiegelslustturm.de
● ÖPNV: Bus 2,7,9,11, Haltestelle Universitätsklinikum (1,3 Kilometer zu Fuß)

Kobold und Schlappmaul

65 Am Bettinaturm und am Liebestempelchen

Ist es nicht merkwürdig, dass der mittelalterliche Stadtturm oberhalb des Kalbstores plötzlich nach 600 Jahren seines Bestehens den Namen eines schwärmerischen Mädchens bekam, das 17jährig in seinem Schutz einsame Mußestunden genossen hatte? Im Sommer hüllt sich der Bettinaturm in einen dichten grünen Mantel. Zu ihm führt über die Treppen des Forsthofgartens in der Ritterstraße (Privatgelände des Studentenwerks) ein verschlungener Weg. Unterwegs wartet eine Überraschung: Unvermittelt erscheint ein allerliebstes, sechseckiges Häuschen mit Zwiebelhaube. In dem Teehäuschen, auch *Liebestempelchen* genannt, befindet sich eine winzige Zweigstelle des Hauses der Romantik, das man im Rahmen von Führungen besichtigen kann.

TIPP

Ihr Turmrefugium würdigt Bettina ausführlich im Briefroman „Goethes Briefwechsel mit einem Kinde".

Drei Jahre, ab 1802, wohnte Bettina Brentano mit Unterbrechungen bei ihrer Schwester Gunda von Savigny im Forsthof und führte ein „wunderliches Leben". Sie nahm Privatunterricht in Hebräisch und Mathematik und wollte am liebsten ehelos bleiben. Später heiratete sie doch den Dichter Achim von Arnim und bekam sieben Kinder. Bettina, von Familie und Freunden als „Kobold" und „Schlappmaul" tituliert, sammelte Volkslieder und kam im „Romantischen Kreis" mit den Grimm-Brüdern und anderen Geistesgrößen der Zeit zusammen, später auch mit dem Jenaer Kreis um den Philologen Schlegel und den Philosophen Schelling; sie kannte Wieland und Goethe und traf mehrmals Beethoven. Bettina war eine außergewöhnliche Frau, kämpferisch und emanzipiert, die erst als Witwe dazu kam, literarisch zu arbeiten. Ihre berühmten Briefromane entstanden auf der Basis realer Korrespondenzen mit Bruder Clemens, der Freundin Karoline von Günderode und Goethe. Bettinas Utopie eines „romantischen" Lebensalltags lässt gelegentlich vergessen, dass sie auch eine politische Vormärz-Schriftstellerin und Wegbereiterin der 1848er Revolution war. Scharf kritisiert sie die fehlende Meinungsfreiheit in Preußen, verfasst Petitionen für politische Gefangene, beklagt im „Armenbuch" die elenden Lebensumstände der schlesischen Weber.

● Bettinaturm und Teehäuschen, Garten des Studentenwohnheims Forsthof, Ritterstraße 15/16 (Privatgelände), 35037 Marburg
● Marburger Haus der Romantik, Markt 16, www.romantikmuseum-marburg.de
● ÖPNV: Bus 10, Haltestelle Oberstadt/Markt

„Glück ernten"

66 ## Die Stadtteile Bauerbach und Ginseldorf

Dieses langgestreckte Giebelhaus aus Fachwerk und rotem Backstein über einem Sandsteinsockel ist ein rund 130 Jahre alter Stall mit zum Altenteil ausgebautem Obergeschoss. Als Teil eines ansehnlichen Vierseitgehöfts mitten im Dorf, ursprünglich Deutschordenshof, bezeugt dieses schöne Kulturdenkmal die bäuerliche Wohn- und Arbeitskultur einer sich verflüchtigenden Epoche. Der historische Ortskern von Bauerbach hat aus der Vogelperspektive die Form einer Raute, die an ihren vier Enden von je einem Bildstock (von 1742) begrenzt wird. Nähert man sich dem Dorf von Schröck aus, erkennt man auf halber Strecke ein gepflegtes Wegekreuz, ein anderes steht im Kirchweg. Und spaziert man Richtung Großseelheim weiter, findet man mit etwas Glück zwei alte Grenzsteine von 1756: einer mit aufgeprägtem Mainzer Rad, einer mit dem hessischen Löwen. Kein Zweifel: Diese ländliche Gegend hinter den Lahnbergen, die man mit hinreißenden Ausblicken (nicht nur) auf die Amöneburg erwandern kann, ist ein historisches Minenfeld: einst kurmainzisch und verfeindet mit den Landgrafen. Wie in Ginseldorf und Schröck blieb die Bauerbacher Bevölkerung überwiegend katholisch. Die Pfarrkirche Sankt Cyriakus mit romanischen Mauerresten von 1100 diente nach ihrer spätgotischen Erneuerung als Wehrkirche mit wuchtigem Wehrturm für Verteidigungszwecke. Der Biohof Böhm in Bauerbach betreibt unter dem Motto „Glück ernten" einen Gemüse-Saisongarten zum Selbstgärtnern, einen Blumengarten zum Selbstpflücken, ein Hühnermobil, einen Hofladen und die „Vorratskammer", einen Selbstbedienungsautomaten.

Auch in Ginseldorf gibt es Bildstöcke und Wegkreuze. Die von Johannes dem Evangelisten auf Johannes den Täufer umgeweihte Kirche, von weitem an ihrem verschieferten, eleganten Haubendachreiter zu erkennen, besitzt im Chor ein sehenswertes Relief von 1430, das den Evangelisten am Schreibpult zeigt. Ungewöhnlich groß ist das mehr als 200 Jahre alte, liebevoll restaurierte und mit Kratzputz verzierte Backhaus von Ginseldorf.

TIPP

Ginseldorf hat einen gemeinschaftlich betriebenen Dorfladen (www.dorfladen-ginseldorf.de).

● 35043 Marburg-Bauerbach mit Kirche (Kirchweg 6) und Biohof Böhm
(Wickegarten 6, www.biohof-boehm.de)
● 35043 Marburg-Ginseldorf mit Kirche und Backhaus (Bürgelner Straße)
● ÖPNV: Bus 11, Haltestelle Ginseldorf und Bauerbach

Hinter dicken Mauern

67 ## Das Kalbstor und die alte Stadtbefestigung

Launig kommentierte der ungenannte Autor 1917 den verträumten Blick durch das Kalbstor, den der Maler Otto Ubbelohde mit 34 weiteren Federzeichnungen in dem Büchlein „Aus Alt-Marburg" verewigte. „Welch einen Blick man hier durch die Gasse hindurch auf die Mauern hat, aus denen die Gartenbüsche so liebelnd herauslugen, hinter denen sich die behaglichen Giebel erheben, wieder von Grün umgeben, und wo ganz am Ende der Turm der lutherischen Kirche mit der Galerie und dem Turmhelm abschließt." Gasse, Mauern, Büsche, Kirchturm – stimmt alles. Wer am Ende der Sybelstraße vor dem Kalbstor strandet, hat bis heute dieselbe Sicht. Autofahrer sollten an dieser Stelle kehrtmachen, um nicht in der engen Kugelgasse steckenzubleiben oder in der Rittergasse ein Knöllchen wegen verbotener Durchfahrt zu kassieren.

TIPP

Überwuchert: Nordmauer zwischen Wasserscheide und Schloss. Sichtbar: Mauerrest im Garten des Gedenkens.

Spürnasen, die sich für archäologische Funde und alte Steine begeistern, werden hier Überreste der Stadtmauer inspizieren, die – man mag es kaum glauben – flächenmäßig das größte Denkmal Marburgs darstellen. Im 13. und 14. Jahrhundert hatte Marburg drei- bis viertausend Einwohner, deren Wohnstätten sich ringförmig unterhalb des Schlosses drängten und deren Schutz die Landgrafen mit dem Bau dicker Mauern sicherten. Die Westmauer mit Bettinaturm, die sich vom spätromanischen Stadttor mit turmartigen Erhebungen bergauf und bergab zieht, ist beinahe in ganzer Länge noch vorhanden. Das Kalbstor (1235) mit seitlichen Tourellen trägt seinen Namen nicht etwa, weil hier Kälber und Rinder durchgetrieben worden wären, sondern es wurde nach der einst in der Nähe ansässigen Adelsfamilie Kalb von Weitershausen benannt, die das Tor bewachen ließ. Die anderen Stadttore – Barfüßer und Werder Tor, Lahn- und Renthöfertor – leben nur noch in Straßennamen weiter. Die Befestigung wurde im Kanonenzeitalter militärisch nochmal erheblich mit Kasernen, Kasematten, Arsenalen und Bollwerken erweitert, jedoch 1806 vom französischen Militär größtenteils gesprengt.

....

● Kalbstor, Sybelstraße/Ritterstraße, 35037 Marburg
● ÖPNV: Bus 10, 16, 20, Haltestelle Sybelstraße

„Die liebe, trauliche Stadt"

68 Erinnerungstafeln für berühmte Gelehrte

In Marburg begegnet man auf Schritt und Tritt den dunkelblauen Emaille-Tafeln mit rotem M an Häusern, die auf historische Persönlichkeiten hinweisen, vor allem auf Wissenschaftler. Auffallend oft verklärten die Gelehrten „ihr" Marburg im Rückblick, erinnerten sich an lustige, peinliche und glückliche Momente ihres Aufenthalts. Manche kehrten sogar zurück, um vergangenes Glück einzufangen, wie der russische Gelehrte und Mitgründer der Moskauer Universität Michail W. Lomonossow, der 1740 seine ehemalige Studentenbude in der Wendelgasse 2 aufsuchte, um Elisabeth Zilch zu heiraten, die Tochter der Vermieterin. Lomonossow hatte drei Jahre bei dem Aufklärungsphilosophen Christian Wolff studiert, der in der Marktgasse 17 lebte. Um die Ecke am Markt 15, wo heute das angesagte schwedische Restaurant Edlunds residiert, wohnte einige Jahre zuvor der französische Naturforscher Denis Papin, Erfinder der Dampfmaschine. In Marburg konstruierte er den *Papin'schen Topf*, den ersten Dampfdrucktopf mit Sicherheitsventil. 150 Jahre nach Papin laborierte einer der berühmtesten Naturforscher im Deutschordensbau: Robert Wilhelm Bunsen, Direktor des Chemischen Instituts, Entdecker der Spektralanalyse, Erfinder des Bunsenbrenners. In einem Renaissancebau in der Hofstatt 11 lebte der Augenarzt und Staatswirtschaftler Johann Heinrich Jung, genannt Jung-Stilling. Als Operateur des Grauen Stars schenkte er mehr als 2.000 Menschen das Augenlicht zurück. Sein Fazit über Marburg: „Die ganze liebe trauliche Stadt ist meine Freundin ..." Ähnlich positiv äußerte sich der Chemiker und Nobelpreisträger Otto Hahn, der in einer Studentenbude am Renthof 12 wohnte. Ebenfalls am Renthof, im Physikalischen Institut, entwarf der Geophysiker Alfred Wegener seine Theorie von der Verschiebung der Kontinente. Der Mathematikprofessor Kurt Hensel baute 1906 eine exklusive Villa (Foto) am Gisonenweg, in der er bis zu seinem Tod 1941 lebte. Eine seiner Großmütter war Jüdin, deshalb wurde er 1935 als „Mischling zweiten Grades" zwangsemeritiert. Die Villa gehört heute dem Herder-Institut für historische Ostmitteleuropaforschung.

TIPP

Restaurant Market: deutsche Küche mit mediterranen Akzenten (Markt 11, www.market-marburg.de).

● Erinnerungs- und Gedenktafeln in Marburg, www.marburg.de
● Villa Hensel, Herder-Institut für historische Ostmitteleuropaforschung, Gisonenweg 5–7, 35037 Marburg
● ÖPNV: Bus 10, Haltestelle Herder-Institut

Kunst der Gegenwart

69 Die Aktivitäten des Marburger Kunstvereins

Wie wäre es mit einer Skulptur des angesagten Bildhauers Stephan Balkenhol für das Sideboard? Mit einem Gemälde des berühmten Künstlers Alfred Hrdlicka, einer Radierung des norddeutschen Grafikers Horst Janssen für die leere Wand hinter dem Sofa? Kann man sich als Normalverbraucher nicht leisten? In Marburg doch. Gegen eine geringe Gebühr verleiht der Marburger Kunstverein Exponate aus seiner Artothek, einer Sammlung von etwa 800 Werken der zeitgenössischen Kunst, Gemälde, Grafiken, Fotografien und Skulpturen. Draußen tobt der Verkehr durch das Biegenviertel, von drinnen als dumpfe, ferne Geräuschkulisse wahrnehmbar. Kontemplation. Im Foyer des zweistöckigen Glaskubus an der Ecke Rudolphsplatz steht Kunstinteressierten eine Präsenzbibliothek zur Verfügung, in der man ausrangierte Kunstbände hinterlassen und sich neuen Augenschmaus mitnehmen kann. Sechs Ausstellungen organisiert der Kunstverein jährlich. Mal präsentiert er der kunstinteressierten Szene Werke herausragenden Nachwuchses, mal finden international erfolgreiche Kunstschaffende Beachtung. 600 Vereinsmitglieder sorgen mit Beiträgen, Spenden und Mitarbeit dafür, dass es weitergeht und der Glaswürfel in Marburgs „Neuer Mitte" kontinuierlich einen Besuch wert bleibt – bei freiem Eintritt. Noch cityzentraler könnte die Kunsthalle nicht untergebracht sein. Täglich strömen Hunderte bildungshungrige Menschen hier vorbei, vom *Campus Firmanei* durch die Passage des Lahn-Centers, über den Gerhard-Jahn-Platz und die Fußgängerbrücken auf die andere Lahnseite.

Der seit mehr als sechs Jahrzehnten rührige Kunstverein veranstaltet auch Konzerte mit experimenteller Musik und Reisen in kulturhistorisch bedeutende Regionen. Die Regie der beliebten langen „Nacht der Kunst" im Juni mit Vernissagen, Lesungen, Mitmachangeboten, Live-Musik, Filmen, Vorträgen und Gesprächen in Museen, Galerien und Ateliers übernimmt ebenfalls der Kunstverein. Ein wahrer Glücksfall für die Universitätsstadt!

TIPP

Von Crêpe bis Galette steht das Blé Noir für bretonische Esskultur (Lingelgasse 10, www.ble-noir.de).

....

● Marburger Kunstverein e. V., Gerhard-Jahn-Platz 5, 35037 Marburg
www.marburger-kunstverein.de
● ÖPNV: Diverse Busse, Haltestelle Rudolphsplatz

Wo war die Judengasse?

70 Alte Synagoge und Garten des Gedenkens

In dem Glaskubus über den mittelalterlichen Synagogenresten, der den kleinen Willy-Sage-Platz oberhalb des Marktes dominiert, brechen sich Lichtstrahlen, spiegeln sich die umliegenden Fachwerkfassaden – eine friedliche, heitere Kulisse. Auf den niedrigen Mauern, die den Platz umgeben, wo bis 1933 die Judengasse endete (von den Nationalsozialisten in Schloßsteig umbenannt, dabei blieb es), sitzen bei schönem Wetter oft junge Leute, die sich unterhalten, oder ältere Semester, die sich nach schweißtreibendem Treppenaufstieg eine Atempause in der Sonne gönnen. „Ohne Judentum ist eine Stadt wie Marburg eine leere und arme Stadt." Diese Mahnung des Israeli Amnon Orbach, der 1989 mit 30 Juden eine neue Gemeinde ins Leben rief und damit an die gewaltsam unterbrochene 700jährige jüdische Geschichte in Marburg anknüpfte, trug Früchte. Heutzutage „stolpern" wir nicht nur über die gleichnamigen Steine mit goldenen Messingplatten, sondern begegnen auch lebendigen Gedenkorten. Dabei hatten die Stadtmütter und -väter eine glückliche Hand. Es gelang ihnen, die Erinnerung an enteignete, entwürdigte, schikanierte, vertriebene und massenweise ermordete Menschen aus der Feiertagsnische in den städtischen Alltag zu holen. Der *Garten des Gedenkens* an der Stelle früheren jüdischen religiösen Lebens stellt in der verkehrsreichen, dicht bebauten Universitätsstraße eine Zone der Ruhe und Besinnung dar, in der man sich treffen, lesen, ausruhen und Passanten beobachten kann. Dort stand einst die große Synagoge im romanisch-byzantinischen Stil, die 1897 in Anwesenheit aller wichtigen Honoratioren mit Hoffnungsreden eingeweiht worden war und die Marburger „Volksgenossen" in der Pogromnacht 1938 schändeten und niederbrannten. Die Rasenfläche zeichnet die Umrisse des ehemaligen Gebetsraums nach. Vor der Gestaltung der Anlage hatten Archäologen Fundamente gesichert und neben Grundmauern auch Reste einer Mikwe (Ritualbad) entdeckt. Gucklöcher aus Glas im Boden eröffnen den Blick nach unten.

TIPP

Die jetzige jüdische Gemeinde hat eine repräsentative Synagoge im Südviertel (Liebigstraße 21a).

● Mittelalterliche Synagoge, Willy-Sage-Platz, 35037 Marburg
● Garten des Gedenkens (ehemalige Synagoge), Universitätsstraße 13
www.garten-des-gedenkens.de
● ÖPNV: Bus 10, Haltestelle Oberstadt/Markt und Garten des Gedenkens

Drei Hoden, zwei Ehefrauen

71 Der Philippstein im Schlossinnenhof

Das zwischen zwei rote Türen hinten im Schlossinnenhof platzierte großformatige Steinrelief wirkt wie zufällig abgestellt, es fehlt jeglicher Kommentar. Dabei ist der graue Philippstein die Kopie eines bedeutenden Denkmals protestantischer Sozialfürsorge aus dem Jahr 1542 und zugleich ein spannendes politisches Plakat. Das farblich ausgemalte Original befindet sich in Kloster Haina im Kellerwald, eine Auftragsarbeit von Landgraf Philipp, genannt *der Großmütige*. Die künstlerische Gestaltung mit zeittypischen Codes gibt allerhand Rätsel auf, die zu entschlüsseln eine ganze Familie beschäftigen kann. Philipps Regentschaft gilt als große Zeit eines vereinten Hessenlandes. Er löste 37 Klöster auf, erklärte das Luthertum zur Landesreligion, gründete die erste evangelische Universität und eine Hospital-Stiftung. Darüber hinaus war er ein ziemlicher Draufgänger, führte Kriege, liebte wilde Jagden, Turniere, Glücksspiel und sexuelle Abenteuer, zeugte 19 Kinder mit zwei Ehefrauen. Luther und Melanchthon hatten die Ehe zur Linken mit Margarethe von der Saale zähneknirschend gebilligt, Philipp führte unschlagbare Gründe an: Er habe drei Hoden, und Abraham habe auch mehrere Frauen gehabt. Kaiser Karl V. verfolgte ihn zwar wegen Polygamie, ließ sich aber durch politische Zugeständnisse besänftigen.

Der *Philippstein* erinnert an die Gründung von vier Hospitälern in beschlagnahmten Klöstern zur Versorgung von Behinderten, Kriegsversehrten, armen Witwen. Links sieht man Philipp selbst in Turnierrüstung als Herkules, rechts seine gekrönte Urahnin Elisabeth, dargestellt als wohltätige Landesmutter, die den leprösen Lazarus verköstigt. Die an einen Geldkasten angekettete Harpyie mit goldener Mönchshaube, ein vogelartiges Fabelwesen aus der griechischen Mythologie, symbolisiert klösterliche Raffgier. Elisabeth verpasste der Steinmetz wahrscheinlich das Gesicht der Hauptehefrau Christine von Sachsen. Der übliche Fürstinnenspruch (Leerstelle oben links) fehlt, vermutlich wegen des Skandals um Philipps Zweitehe.

TIPP

Die Religionskundliche Sammlung ist in der Alten Kanzlei (www.uni-marburg.de/relsamm/).

● Philippstein, Innenhof des Landgrafenschlosses, Gisonenweg, 35037 Marburg
● ÖPNV: Bus 10, Haltestelle Schloss

Wirren einer Residenz

72 Die Rentkammer für Hessen-Marburg

Der mächtige Vorbau mit dem geschwungenen, hohen Schiefergiebel wirkt wie ein festliches Diadem am schlicht-monumentalen Ensemble des Schlosses. Die auffallend liebliche Renaissance-Architektur der Rentkammer an der Südseite entstand 1572. Sie ist ein Stein gewordener Ausdruck der letzten Blütephase der landgräflichen Residenz von Hessen-Marburg, 37 Jahre, während derer Ludwig IV. auch das Zeughaus, den Marstall, die Prunkportale im Fürstensaal, den Regierungssitz Alte Kanzlei, den Küchenbau und den Aufsatz auf dem Treppenturm des Rathauses bauen ließ, die dem Stadtbild bis heute Glanz verleihen. Marburg hat das Glück, ein authentisches Schloss aus der Gotik zu besitzen, das seit der Renaissance kaum erweitert oder kaputtrenoviert wurde. Und das kam so: Immer dann, wenn Marburg, die Wiege Hessens, den Landgrafen für einige Jahrzehnte als Hauptresidenz diente, was innerhalb von 300 Jahren nur dreimal der Fall war, wurde das Schloss im großen Stil erweitert. Eine Landgrafschaft „Hessen-Marburg" gab es überhaupt nur einmal und kurz. Philipp, genannt *der Großmütige,* hatte dynastische Probleme, sieben abfindungsfordernde Söhne aus seiner Nebenehe und vier erbhungrige legitime Söhne, unter denen er Hessen testamentarisch aufteilte. Das brachte fürchterliches Unheil. Zunächst aber bescherte Ludwig IV., Philipps Zweitgeborener, seinem Erbe Hessen-Marburg (mit Oberhessen und Gießen) als besonnener Landesfürst eine prosperierende Zeit des Friedens. Nach Ludwigs Tod 1604 jedoch war Schluss mit lustig. Den Marburgern erging es richtig schlecht während des heftigen Erbfolge- und Religionsstreits, während der großen Pestepidemie von 1611 mit 1100 Toten, während des „Hessenkriegs" und vieler weiterer Katastrophen. Darüber hinaus war man nicht mehr Residenz, und die Obrigkeit investierte andernorts. Die Schlossgebäude glitten baulich in einen Dornröschenschlaf, kaum verändert in den Phasen als Festung, Gefängnis, Staatsarchiv und Museum, abgesehen von originalgetreuen Restaurierungen. Und das wiederum ist unser Glück.

TIPP

Unterhalb des Schlosses liegt das alte Restaurant-Café Bückingsgarten (www.bueckings-garten-marburg.de).

....
● Rentkammer, Landgrafenschloss, Gisonenweg, 35037 Marburg
www.marburg.de/schloss
● ÖPNV: Bus 10, Haltestelle Schloss

Fachwerk und Feste

73 Der alte Handwerkervorort Weidenhausen

Die Weidenhäuser sind ein eigenes Völkchen, gesellig und aufgeschlossen. Ihre Kinder baden in der Lahn, die Eltern trinken auf der Straße Kaffee, Passanten werden angelächelt und angesprochen, überall parken Räder, Autos dürfen nur sehr langsam durchfahren, und manche Fachwerkhäuser haben ein Erdgeschoss unterhalb des Straßenniveaus. Dieses „Dorf" jenseits der Lahn gehört zu den beliebtesten Fotohotspots von Marburg. Auf den knapp 400 Metern der gepflasterten Weidenhäuser Straße drängen sich etwa hundert schmale, meist dreigeschossige Fachwerkhäuser. Viele verfügen über versteckte Innenhöfe, die im September zum Höfefest geöffnet werden. Wasser war das wichtigste Lebenselixier in der mindestens 800 Jahre alten Vorstadt, über die eine der zwei ältesten Lahnbrücken aus Stein führt (die andere ist in Wetzlar).

TIPP

Der Fahrradladen Velociped in der Weidenhäuser Straße veranstaltet Hessens größte Fahrradbörse (www.velociped-marburg.de).

Jahrhundertelang strömte der gesamte Handels- und Reiseverkehr zwischen Thüringen und Rheinland durch diese enge Straße und über die Brücke, hinter der die Wachen des Lahntors aufpassten. In Weidenhausen siedelten sich einst Handwerker an, die Wasser benötigten, also Lohgerber, Wollenweber und Töpfer. Bis in die 1950er Jahre umgaben Wassergräben die in einer sumpfigen Aue entstandene Siedlung, die Straße Am Erlengraben erinnert daran. Als die Gräben zugeschüttet wurden, entstanden die lauschigen Gassen, die von der Weidenhäuser Straße abgehen – Gerbergäßchen, Hahnengasse, Wehrgasse, Kappesgasse, Am Brückchen. In Erinnerung an die Gräben begehen die Weidenhäuser alle fünf Jahre (wieder 2025, 2030) ihr gigantisches Grabenfest, das jegliche Höfefeste, (Plastik)Entenrennen und Dämmerschoppen in den Schatten stellt. Inzwischen ist der Stadtteil ein begehrtes Wohnviertel mit modernen Neubauten, die der mittelalterlichen Bebauung angepasst wurden. Die neuen Straßen und Anlagen erhielten Namen der ausländischen Partnerstädte: Maribor, Poitiers, Sfax, Northampton. Und das Sankt-Jakobs-Hospital von 1570 steht immer noch.

....

● Weidenhausen, 35037 Marburg
Barrierefreie Weidenhausen-Tour mit 16 Stationen:
www.ag-weidenhausen.de/weidenhausen-mobil
● ÖPNV: Bus 8, 20, 27, Haltestelle Erlenring

Hauch der Vergangenheit

74 Historischer Friedhof Rotenberg-Ockershausen

Kann ein Friedhof ein Glücksort sein? Eine berechtigte Frage. Beantwortet wird sie für den historischen Hauptfriedhof quasi als Abstimmung mit den Füßen durch die Besucherinnen und Besucher, die ihn so zahlreich frequentieren, dass die Stadtverwaltung Infowände installierte und Broschüren herausgab. Auf diesem Gottesacker fanden ganz besonders viele Universitätsprofessoren und Wissenschaftler eine letzte Ruhestätte. Anhand der thematisch sortierten Namenslisten können wir die Grabstätten bewunderter Marburger Theologen wie Rudolf Bultmann, Geisteswissenschaftlerinnen wie Luise Berthold und Ingeborg Schnack, Verleger wie Anton und Katharina Kippenberg, Maler wie Carl Bantzer und Franz Frank, Bildhauer wie Johann Pfeiffer, Politiker wie Gerhard Jahn und Hanno Drechsler, Architekten, Musikerinnen, Naturwissenschaftler, Medizinerinnen aufsuchen. Der Hauptfriedhof, den man auch als Friedhof Rotenberg kennt, zieht sich auf einer Fläche von 22 Hektar mit etwa 10.000 Grabstätten von der Ockershäuser Allee über etwa anderthalb Kilometer Luftlinie weit den Hang hinauf. Angelegt wurde er 1865 als geometrische Vier-Felder-Anlage im flachen Gelände, erweitert um einen Berg- und Waldfriedhof und einen parkähnlichen Zierfriedhof. Nicht nur Nostalgie und Suche nach Lokalprominenten und den etwa 30 Ehrengräbern (darunter immerhin drei für Frauen) locken die Menschen auf diesen Friedhof, sondern auch Interesse an Grabmalkunst, dem ein Lapidarium mit künstlerisch wertvollen alten Gedenksteinen Rechnung trägt. Auch spiegelt der Hauptfriedhof in seiner Typenvielfalt eine gesellschaftshistorische Entwicklung wider. Es gibt jüdische und islamische Parzellen, deutsche und russische Kriegsgräber, Gedenksteine für Kriegsgefangene, Urnenwände, Urnenbaumgräber, ein anonymes Urnenfeld und eins für Anatomie-Tote, ein Kinderfeld und eins für Sternenkinder. Alles in allem ein Glücksort friedlichen Miteinanders, wenn auch erst im Tode vereint, der uns einen Moment stillen Innehaltens schenkt.

TIPP

Das Kleine Restaurant am Wilhelmsplatz ist ein kulinarisches Highlight der Stadt (www.das-kleine-restaurant.de).

● Friedhof Ockershausen/Rotenberg, Eingänge: Ockershäuser Allee, Rotenberg 62, Hohe Leuchte, Habichtstalgasse, 35037 Marburg
● ÖPNV: Bus 1, 2, 4, 7, 17, 20, Haltestelle Wilhelmsplatz

Job. Pfeiffer

Bildhauer

1880 — 1961

Fledermäuse belauschen

75 In den Kasematten der alten Festung

Es ist kühl und riecht modrig, eine feucht-dumpfe Schwere umfängt uns, ohne Scheinwerfer und Taschenlampen würde man kaum etwas sehen. Wer sich in den in Hessen einmaligen Marburger Kasematten gruselt, hat sich noch nicht mit Fledermäusen unterhalten. Die nachtaktiven Säugetiere finden es in den unterirdischen Geschützständen des Landgrafenschlosses nämlich urgemütlich und überwintern darin. Das Gebiet ist das deutschlandweit bedeutendste Winterquartier der Zwergfledermaus, auch Breitflügelfledermäuse und Abendsegler sind darin heimisch, Naturforscher beobachteten rund ums Schloss 14 verschiedene Fledermausarten. Die im Dunkeln kaum zu erkennenden Tiere verständigen sich in einer Geheimsprache im für den Menschen nicht hörbaren Ultraschallbereich. Wer die Fledermäuse trotzdem belauschen möchte, hat dazu Gelegenheit am Parkplatz auf dem Schlossgelände. Der dort installierte Fledermausdetektor identifiziert auf Knopfdruck die Laute von drei Fledermausarten, ein weiterer Befehl aktiviert den Sensor, der die Ultraschall-Rufe der Fledermäuse „live" hörbar macht – jedenfalls ab Frühsommer. Wer unsere unsichtbaren Lebensgenossen erstmals akustisch wahrnimmt, kann schon mal von einem Schauer der Rührung erfasst werden.

TIPP

Kasematten-Führungen mit Rücksicht auf den Winterschlaf der Fledermäuse nur von April bis Oktober.

Zwei der mindestens sechs unterirdischen Anlagen überdauerten den Rückbau von Mauern, Wällen und Gräben in der Zeit zwischen 1770 und 1786. Man hatte erkannt, dass die Festung Marburg schwer zu verteidigen und strategisch unbedeutend war. Es klingt fast wie ein Schildbürgerstreich: Die einstige Festung liegt zehn Meter höher als der vordere Schlosshof – beste Zielposition für Eroberer. Die Folge: Marburg wurde im Siebenjährigen Krieg sechsmal von englisch-hannoverschen und französischen Truppen eingenommen. Die napoleonischen Truppen, welche die Stadt 1806 widerstandslos erobert hatten, sprengten die restlichen Kasematten und Mauern. Ab 1977 ließ der Magistrat in mühsamer Kleinarbeit Gänge und Festungsreste für die Nachwelt freilegen und sichern.

● Kasematten und Fledermausstation bei und unter dem Landgrafenschloss und dem Schlosspark, Gisonenweg, 35037 Marburg
● ÖPNV: Bus 10, Haltestelle Schloss

Wo die Kirche im Dorf blieb

76

Spaziergang durch den Stadtteil Ronhausen

Ytongplatten, Glasbausteine, Holzoptik, Kunststoffhaustüren, zubetonierte Mistgruben. Das oft von unbekümmert pragmatischen Alltagsentscheidungen geprägte Erscheinungsbild des typischen mittel- und oberhessischen Dorfes – eine vielseitige Schau diverser Materialmoden – lässt Denkmalschützern das Blut in den Adern gefrieren. Es enttäuscht auch so manche Stadtpuristen, die sich auf biberschwanzgedeckte Scheunen gefreut hatten, auf buntes Fachwerk mit gepflegtem Gefache, auf Bauernhöfe mit Natursteinpflaster und blühende Bauerngärten. Beispielsweise wie in Ronhausen! Dieses Glücksdorf kann durchaus Landlustträume erfüllen und ist auf gutem Wege zum Bilderbuchstatus. Der mit rund 200 Einwohnern nach Dilschhausen kleinste Stadtteil von Marburg liegt idyllisch zwischen Lahn, Feldern und Wald direkt am Radweg von Ebsdorfergrund in die Stadt. Die Straßennamen tragen so fantasieanregende Namen wie „Am alten Rasen", „Im alten Wasser", „Oberfeld", „Fünfhausen". Die Gesamtanlage von Ronhausen mit vierseitigen, dreiseitigen und hakenförmigen Hofanlagen, mit ehemaliger Schmiede, zahlreichen Fachwerkscheunen und ebensolchen Wohnhäusern, ist als Kulturdenkmal ausgewiesen. In dem rot verklinkerten hübschen Bürgerhaus, das als Erweiterung der denkmalgeschützten Schule errichtet wurde, finden Stammtische, Spiele-, Gymnastik- und Grillabende sowie Kaffeetafeln statt. Eine Ronhäuser Gruppe pflegt eine städtische Streuobstwiese, den gekelterten Saft bekommt man zum Selbstkostenpreis. Die einstige Dorfstruktur mit Unter- und Oberdorf blieb auch deshalb erhalten, weil das oberhalb liegende Wasserschutzgebiet keine Erweiterungen erlaubt. Immerhin profitieren 10.000 Marburger von den 500.000 Kubikmetern Frischwasser der drei Ronhäuser Quellen.

Und dann ist da noch die bezaubernde Bruchsteinkirche aus dem späten 15. Jahrhundert mit einem gotischen Spitzbogenportal und einem mittig aufsitzenden Dachreiter, der im Unterdorf zwischen den eng stehenden Häusern hervorlugt (Foto).

TIPP

Der Seepark Niederweimar liegt in Spucknähe jenseits der Lahn – ohne Brücke (Rad 5 Kilometer, Auto 10 Kilometer).

● 35043 Marburg-Ronhausen mit evangelischer Kirche (Wolfshäuser Straße 2)
www.marburg.de/ronhausen
● ÖPNV: Bus 13 ab Südbahnhof, Haltestelle Ronhausen

Tarzan und Jane in den Seilen

77 Klettern, reiten, walken in Wehrshausen

Wald, Wiesen, Wanderwege. Das heutige „Pferdedorf" Wehrshausen, ein 680-Seelen-Dorf in steiler Hanglage des Westhessischen Berglandes, wandelte sich im Verlauf von mehr als sieben Jahrhunderten von einer Marien-Wallfahrtsstätte an der Alten Weinstraße (eigentlich Wagenstraße) zum attraktiven Naherholungsort. Auf dem Reiterhof Balzer finden 35 bis 40 Pferde eine komfortable Bleibe mitten im Grünen und können auf den weitläufigen Koppeln nach Herzenslust weiden und galoppieren. Ihren Besitzern, Freizeit- und Turnierreitern, stehen zwei Reithallen, ein Allwetterplatz mit Flutlicht, Sattelkammer, weitere Infrastruktur und vor allem ein angrenzendes Gelände zum Ausreiten zur Verfügung. Ein Eldorado – hier liegt das sprichwörtliche Glück der Erde tatsächlich auf dem Rücken – glücklicher – Pferde.

TIPP

In Wehrshausen entstand ein Bouleplatz mit Pavillon. Weitere Bouleplätze in Ginseldorf und Moischt.

In südwestlicher Richtung hinter dem Stadtteil liegt die Dammühle lauschig an Mühlteich und Mühlbach, Rastpunkt eines vier Kilometer langen Rundwanderwegs, den Freizeitsportler gern auch als Jogging- oder Nordic-Walking-Tour benutzen. Die anno 1380 erstmals erwähnte Wassermühle ist ein beliebtes Ausflugsziel mit Café-Terrasse, Biergarten, Restaurant, Hotel und Heiratskapelle.

Am Rande eines Eichenwaldes, in Fußnähe der Dammühle, bietet der baumschonend angelegte Kletterwald Marburg auf 15.000 Quadratmetern ausgefuchsten Kletterprofis, vor allem aber jungen und jüngsten Abenteurern, Spaß und Bewegung in luftigen Höhen. Zwischen Ende März und Oktober dürfen sich bereits Vierjährige an den 17 Stationen des Märchenwaldes in relativer Bodennähe erproben. Alle anderen hangeln sich in normgeprüfter Ausrüstung mit Helm, Gurt und Sicherungsseil über 13 Parcours aller Schwierigkeitsstufen. So mancher Tarzan, so manche Jane erlebt erst im allerschwersten Mount-Everest-Parcours höchste Glücksgefühle, andere genießen schon auf den beiden kurvigen Seilbahnparcours, in den Fängen des ebenfalls schweren Feuervogel-Parcours oder im Klettertandem unvergessliche Momente.

● 35041 Marburg-Wehrshausen mit Kletterwald (www.kletterwald-marburg.de), Reiterhof Balzer (www.reiterhof-balzer-marburg.de) und Hotel Restaurant Dammühle (www.hotel-dammuehle.de)
● ÖPNV: Bus 16, Haltestelle Wehrshausen-Kirche (1,4 Kilometer zu Fuß); Bus 17, Haltestelle Neuhöfe (1,3 Kilometer zu Fuß)

Sonne in den Speichen

78 Die Dorfkirche und Dynamo Bortshausen

Der Kontrast könnte kaum heftiger sein. Hier die Chorkirche aus dem 13. Jahrhundert aus romanischem Bruchsteinmauerwerk, Dorfmittelpunkt und Kulturdenkmal. Dort ein wahrhaft dynamischer Trupp von Radsportlern, die vor allem eins im Sinn haben: sich den Fahrtwind um die Nase wehen zu lassen. Das evangelische Gotteshaus in Bortshausen stellt das dörfliche Glückswahrzeichen für Tradition, Bodenständigkeit, Heimatliebe und Gemeinschaft dar. Die Fachwerkkonstruktion des Kirchturmes, heute rundum verschiefert, kann exakt ins Jahr 1432 datiert werden. Der 1995 ins Leben gerufene Radsportverein mit dem sprechenden Namen „Dynamo Bortshausen" ist auch eine Gemeinschaft. Sie verbindet Menschen, die in ihrer Freizeit mit Rennrädern hinaus in die Natur wollen, sowohl die nähere Heimat als auch ferne Ziele auf physisch und mental fordernden Touren erkunden, ihre Leistungsgrenze erproben. Sie touren in der Rhön, im Harz, zum Wattenmeer, um den Bodensee, in die Vogesen, die französischen Alpen – und vor allem trainieren sie zu Hause auf ihrer selbst definierten *Ebsdorfrunde* (46 km) und *Gladenbachrunde* (48 km). Die meisten der etwa 60 Mitglieder leben gar nicht in Bortshausen, das zu den kleinen dörflichen Stadtteilen von Marburg gehört, aber sie fühlen sich als „Bortshäusener im Herzen". Der Vereinsname blieb, die Ehre gebührt dem Dorf. Denn die abenteuerlustigen Radsportler trugen maßgeblich dazu bei, dass die Organisatoren der jährlichen Deutschland-Tour, des fünftägigen größten Radsportfestivals der Republik, hin und wieder Marburg als Etappenziel berücksichtigen. Der sportliche Ehrgeiz der *Dynamos,* die sich zutrauen, 60 Kilometer in zwei Stunden zu schaffen, ist zwar anspruchsvoll, nimmt aber mit eigenen Angeboten auch Rücksicht auf Anfänger und weniger ehrgeizige Glücksradler. Alle zwei Jahre veranstaltet der Verein eine Sommertour ins europäische Ausland, meistens in die Berge. Und im Winter? Da bleiben die Radler daheim, wie die Kirche, die bleibt für immer im Dorf.

TIPP

Weinproben veranstaltet der Spezialitätenladen Wein & Käse in Marburg-City (www.wein-kaese-marburg.de).

● Evangelische Kirche, Bodenfeldstraße 3, 35043 Marburg-Bortshausen
● RSV Dynamo Bortshausen, www.dynamo-bortshausen.de
● ÖPNV: Bus 13, Haltestelle Bortshausen Bürgerhaus und Bortshausen Sportplatz

Wo Ritter und Riesen hausen

79 An der Burgruine Weißenstein bei Wehrda

Ein Spaziergang durch lichten Buchenwald, vorbei an Pferdekoppeln und Äckern zwischen dem Stadtteil Wehrda und dem Lahntal-Dorf Goßfelden, führt uns auf einen Sandsteinfelsen oberhalb der Lahn zu einer Ruine, die Fachleute dem Typus der „kleinen frühmittelalterlichen Adelsburg im nördlichen Hessen" zuordnen. Von hier aus hat man – sofern die hin und wieder freigeschlagene Sichtachse zum Landgrafenschloss es zulässt – einen weiten Ausblick über das Lahnbecken und die Stadt Marburg. In nördlicher Richtung zieht der bewaldete, in der Frontansicht gebleichte Felsrand des Wehrdaer Steinbruchs die Blicke auf sich – der *Weiße Stein*. In einer früheren Wallanlage verschanzten sich an dieser Stelle Kelten der vorrömischen Eisenzeit, wie Keramikfunde bezeugen. Kein Wunder, dass sich im Laufe der Jahrhunderte um die Burgruine schauerliche Sagen und Legenden um böse Ritter, Riesen und tapfere Bauern ranken, die der Grimm-Märchenzeichner Otto Ubbelohde zu Papier brachte. Nicht nur Kinder finden Spaß daran, die genauen Umrisse des fünfeckigen Bergfrieds der Burg Weißenstein und des kleinen Wohnbaus aus Sandstein zu erkunden. Da viele Pfade rundum auf die Anhöhe führen, eignet sich die Gegend auch optimal für eine Schnitzeljagd.

Die Burganlage, auf deren Grundriss in den 1980er Jahren Sanierungsmauern errichtet wurden, um sie zu sichern und archäologisch erkennbar zu machen, entstand ab dem 8. Jahrhundert in Zeiten des christlich-karolingischen Frankenreichs. Zusammen mit dem Torbau und der Ringmauer wurde alles schon vor 800 Jahren durch einen Brand zerstört. Die Burg gehörte den Gisonen, einem wohlhabenden Grafengeschlecht, das zwar 1137 in männlicher Linie ausstarb, dennoch in der verzwickten Geschichte Hessens einen Glücksmeilenstein setzte. Die Schwester des kinderlosen Grafen Giso V. nämlich heiratete 1110 den ersten Thüringer Landgrafen Ludwig I. und wurde somit die Ururgroßmutter von Sophie von Brabant, die 1248 in Marburg das Land Hessen gründete.

TIPP

Feldprodukte vom Hof (Lärchenweg 2). Maultaschen in der Landmetzgerei Hoffmann (Wehrdaer Straße 147).

· ·

● Burgruine Weißenstein, 35041 Marburg-Wehrda,
Fußweg vom Spielplatz Weißer Stein aus
● ÖPNV: Bus 4, 6, Haltestelle Wehrda

Ein lustiger Ort mit Quelle

Die Stadtteildörfer Moischt und Schröck

Die Moischter Hofreiten aus dem 18. Jahrhundert sind laut hessischer Denkmaltopographie „ganz besonders prächtig". Tatsächlich sehen wir in dem nach wie vor landwirtschaftlich geprägten südöstlichsten Stadtteil schmucke Fachwerkhäuser mit Kratzputzfeldern, schmiedeeiserne Hoftore oder Sandsteinpfosten und ungewöhnlich große Wirtschaftsgebäude der Höfe. Moischt ist ein ruhiges, gemütliches Dorf in idyllischer Landschaft mit schönen Spazierwegen, dessen abseitige Lage zur Universitätsstadt den Bürgern ganz recht ist. Ganz anders der Nachbarort Schröck! Eine stolze Kirche mit Welscher Haube – einem stufigen Zwiebelturm – in einem mittelhessischen Dorf sieht man selten. Die Leute von Schröck waren immer schon tatkräftig auf der Suche nach geglückter Perfektion: Schon in den 1720er Jahren bauten sie eigenhändig ihre katholische Barockkirche St. Michael und St. Elisabeth – damals hieß das Dorf noch „Schreck" als abgeschliffener Rest des Adelsnamens „Scrickede". Die Quader für Quader aus Sandstein sorgsam errichtete Kirche wirkt eleganter als andere Gotteshäuser im ehemaligen Kurmainzer Amt Amöneburg, für die man einfache Bruchsteine verwendete. Heute ist Schröck neben Bauerbach und Ginseldorf einer der drei überwiegend katholischen Stadtteile. Man entdeckt ein halbes Dutzend historischer Bildstöcke, Feld- und Hochkreuze, pfleglich beschützte Kulturdenkmäler. Vor allem aber hat Schröck das Glück, mit dem Elisabethbrunnen von 1596 im Renaissancestil ein monumentales Kulturdenkmal zu besitzen, in dessen Schatten nicht nur Landgraf Ludwig IV. von Hessen-Marburg einst rauschende Feste feierte. Seit Jahrhunderten dient die der heiligen Elisabeth gewidmete hohe Säulenanlage an einem freien Platz mit steinernen Sitzbänken als Ausflugsziel. Fürstenchronist Winckelmann überschlug sich 1697 vor Begeisterung. Er schrieb: „Der Schröcker Brunnen … quillet an einem sehr lustigen, ganz mit Bäumen bedeckten Ort, aus einem Felsen mit angenehmem Gelispel." Stimmt.

TIPP

An der evangelischen Kirche Moischt lehnen barocke Grabsteine, darunter der älteste von 1704.

● 35043 Marburg-Moischt und 35043 Marburg-Schröck mit Elisabethbrunnen
● ÖPNV: Bus 12, Haltestellen Moischt und Schröck

In Erinnerung an Hermann Reidt (1916–1993)
und an sein Lebenswerk
Lessing-Kolleg Marburg für Sprachen und Kultur (1968–1993)
im Marbacher Weg 18 und 22

Dank

Ich bedanke mich bei Doris Autzen vom Marketing der Marburg Stadt und Land Tourismus GmbH, die für mich jede noch so knifflige Nachfrage geduldig recherchierte. Für die unbürokratische Genehmigung von Foto-abdruckrechten danke ich Birgit Heimrich vom Fachdienst Presse- und Öffentlichkeitsarbeit der Stadt Marburg und Dr. Gabriele Neumann von der Hochschulkommunikation der Philipps-Universität Marburg sowie zahlreichen Einzelpersonen; ebenso dem Deutschen Dokumentationszentrum für Kunstgeschichte – Bildarchiv Foto Marburg für prompte Lieferung von lizensierten Dateien. Ganz besonders danke ich Ute Voges vom Droste Verlag, die mir mit der Vermittlung dieses Buchprojektes einen lang gehegten Wunsch erfüllte. Meinem Mann Rolf danke ich wie immer für geduldiges und kompetentes Brainstorming bei der Fotoauswahl.

Die Publikation wurde mit einem Brückenstipendium der Hessischen Kulturstiftung aus Mitteln des Landes Hessen gefördert.

Bibliografische Informationen der Deutschen Nationalbibliothek

Die Deutsche Nationalbibliothek verzeichnet diese Publikation in der Deutschen Nationalbibliografie; detaillierte bibliografische Daten sind im Internet über http://dnb.d-nb.de abrufbar.

© 2022 Droste Verlag GmbH, Düsseldorf
Konzeption/Satz: Droste Verlag, Düsseldorf
Einbandgestaltung und Illustrationen: Britta Rungwerth, Düsseldorf, unter Verwendung von Bildern von © Fotolia.com: jd – photodesign.de; © iStock: Plociennik Robert
Fotos: Andrea Reidt, außer:
S. 87: Bildarchiv Foto Marburg/August Noack: „Religionsgespräch im Marburger Schloss 1529", 1869; S. 91: Susanne Saker/Philipps-Universität Marburg; S. 99: Bildarchiv Foto Marburg /Horst Fenchel, Christian Stein/Heinrich Giebel: „Anna Giebel mit Wassereimer", Öl 1912, Museum für Kunst und Kulturgeschichte der Philipps-Universität Marburg, Kunstmuseum Marburg; S. 157: Georg Kronenberg; S. 161: Seil schafft Erlebnis GmbH

MIX
Papier aus verantwortungsvollen Quellen
FSC www.fsc.org **FSC® C011279**

Druck und Bindung: LUC GmbH, Greven
ISBN 978-3-7700-2288-5

www.droste-verlag.de